小企业创办

（第2版）

主　编　赵　毅
副主编　唐跃英　顾秩铭　王　丽

北京理工大学出版社
BEIJING INSTITUTE OF TECHNOLOGY PRESS

版权专有　侵权必究

图书在版编目（CIP）数据

小企业创办 / 赵毅主编. —2 版. —北京：北京理工大学出版社，2017.3（2022.3重印）
ISBN 978-7-5682-3763-5

Ⅰ.①小… Ⅱ.①赵… Ⅲ.①中小企业-企业管理-高等学校-教材　Ⅳ.①F276.3

中国版本图书馆 CIP 数据核字（2017）第 040505 号

出版发行 / 北京理工大学出版社有限责任公司
社　　址 / 北京市海淀区中关村南大街 5 号
邮　　编 / 100081
电　　话 /（010）68914775（总编室）
　　　　　（010）82562903（教材售后服务热线）
　　　　　（010）68948351（其他图书服务热线）
网　　址 / http://www.bitpress.com.cn
经　　销 / 全国各地新华书店
印　　刷 / 三河市华骏印务包装有限公司
开　　本 / 787 毫米×1092 毫米　1/16
印　　张 / 12　　　　　　　　　　　　　　　　　　　　　　责任编辑 / 周　磊
字　　数 / 282 千字　　　　　　　　　　　　　　　　　　　文案编辑 / 周　磊
版　　次 / 2017 年 3 月第 2 版　2022 年 3 月第 5 次印刷　　责任校对 / 周瑞红
定　　价 / 38.00 元　　　　　　　　　　　　　　　　　　　责任印制 / 李志强

图书出现印装质量问题，请拨打售后服务热线，本社负责调换

再版前言

传统的创业类教材大多数是通过机械、枯燥的创业理论介绍，让学生了解基本的创业程序及内容，使学生开始闭门造车式地进行"PPT 创业"。虽然，这样的理论创业看起来貌似合理，但其创业的项目却经不起市场的检验。

本教材积极尝试以已毕业学生真实创业企业案例为切入点，通过对知识点的梳理，进而指导学生进行能力训练，做到"学中做，做中学"的教育过程。

本教材的特点主要体现在以下三个方面：

1. 理念先进。本教材紧紧围绕国家"大众创业，万众创新"经济发展的战略要求，从身边小微企业创办开始，鼓励和指导学生如何进行正确创业。

2. 编写方法创新。本教材整合了高校、研究机构、企业实体各方优势，并注重专家指导，有企业一线专家全程参与。本教材邀请参与教材建设的企业一线专家，基本都是自己有丰富创业经历并获得成功的人士。

3. 项目教学，教做学一体。本教材充分体现项目课程、工作过程导向的思想，内容选择立足来自不同地区小企业创办的真实案例，实现教、做、学一体，把教的过程、做的过程和学的过程有机整合起来，通过做中学完成知识的归结与总结。

本书由浙江工商职业技术学院商学院创业教育中心主任赵毅副教授担任主编，承担本书大纲的编写、全书的统稿和协调工作，创业教育中心成员唐跃英老师、顾秩铭老师、浙江水利水电学院王丽教授担任本教材副主编。本教材具体分工如下：项目一、项目三、项目四由赵毅编写；项目五、项目七和项目八由唐跃英编写；项目二和项目六由顾秩铭编写；项目九由赵毅和王丽共同编写。

特别感谢宁波市卓越企业发展促进会会长郭海浩先生和宁波市半山食客贸易有限公司季进通先生（浙江工商职业技术学院毕业生）参与本教材框架结构、编写要求及企业案例的讨论，使教材更贴近企业实际；感谢浙江工商职业技术学院副校长徐盈群教授、浙江工商职业技术学院商学院院长王若明教授和市场营销专业群主任周井娟教授及其他同事的大力支持和帮助。同时也非常感谢书中所引用和参考的相关资料和书籍的作者。

本书中的动画微课由深圳市新风向科技有限公司（http://www.newvane.com.cn/）提供技术支持，在此表示感谢。

创业教育的改革和创新是一个历久弥新的过程，愿本教材能起到抛砖引玉之功效。由于编者水平有限及行文仓促，本教材难免存在不足之处，恳请专家和读者批评指正。

编　者

目 录

项目一 评价创业潜力 1
 任务1 分析创业面临的挑战 1
 任务2 评估创业潜力 5

项目二 建立创业构思 18
 任务1 了解企业类型 18
 任务2 挖掘好的创业构思 23
 任务3 验证创业构思 31

项目三 评估潜在市场 39
 任务1 了解潜在顾客 39
 任务2 了解竞争对手 43
 任务3 制定市场营销策略 47

项目四 组建创业团队 69
 任务1 组建创业核心团队 69
 任务2 制定员工岗位职责 75

项目五 选择企业组织形式 84
 任务1 比较各类企业组织形式的特点 84
 任务2 选择合适的企业组织形式 89

项目六 寻求法律保护和承担相应责任 96
 任务1 学习小企业相关法律 96
 任务2 依法进行登记注册 100
 任务3 尊重职工权益 105

项目七 预测启动资金需求 117
 任务1 识别启动资金各种类型 117
 任务2 预测所需固定资产投资 119
 任务3 预测所需流动资金 122

项目八　制订利润计划 ·· 129
　任务1　制订销售和成本计划 ·· 129
　任务2　制订现金流量计划 ·· 134
　任务3　筹集创业所需资金 ·· 136
项目九　撰写商业计划书 ·· 143
　任务1　撰写商业计划书 ·· 143
附录1　案例（产品类）绿色汽车增光护理剂商业计划 ·············· 157
附录2　创业相关实用网站 ·· 177
附录3　浙江工商职业技术学院创业学子风采 ······························ 179
参考文献 ·· 182
特别感谢 ·· 183

评价创业潜力

知识目标

- 了解什么是企业
- 了解导致企业失败的原因
- 熟悉评价创业者潜力的因素

能力目标

- 能分析创业面临的挑战
- 能科学评估自身创业潜力

关键概念

企业 商品流 现金流 挑战

任务1 分析创业面临的挑战

任务导入

赵普的鸡场

赵普一直想办一个企业,做批发鸡的生意,因为他所在的小镇周围有很多农户养鸡。他和母亲住在一起,母亲非常支持他创办企业,她让赵普用家里的房子作担保向银行申请贷款。

赵普得到贷款后立即着手准备。他为企业购买了设备和原材料,在小镇附近租了鸡舍,买了计算机、现代化的制冷设备、新的厢式货车,还在货车门上喷涂了鸡场的标志。赵普告诉母亲,精良的设备能帮助企业树立良好的形象,也有助于吸引更多的客户。

赵普马上投入到了繁忙的工作中。鸡的需求量很大，他日以继夜地工作，客户还把他推荐给他们的朋友。不幸的是，赵普用于付款的现金非常紧张，到年底时，他拥有的现金严重不足，怎么也无法支付银行的欠款。于是，银行中止了贷款，并要求偿还所有债务，赵普不得不宣布鸡场破产。银行开始拍卖赵普的资产来偿还其债务，首先拍卖的资产是车和计算机，但仍有大量的债务不能偿还。看样子，赵普的母亲有可能失去家里的房产。

图 1-1　养鸡并不是一件容易事

任务布置

任务 1：判断赵普的鸡场是否属于企业范畴。

任务 2：分析赵普鸡场倒闭的原因。

任务 3：提出你的改善计划。

相关知识

一、什么是企业

汉语中现在所称的"企业"，是从日语中翻译过来的。日语中该词源于英语的"Enterprise"。在英语中，"Enterprise"的原意为企图冒险从事某项事业，有冒险、胆识、进取心和计划等含义，后来用以指经营组织或经营体。中外从不同角度对"企业"下过许多定义：美国学者布莱恩加纳在《布莱克法律词典》中给出的定义为"企业是一种冒险活动或组织，尤指投入财产的冒险事业"；许涤新在《政治经济学辞典》中给出的定义为"企业是在社会分工的条件下从事生产、贸易、运输等经济活动的独立单位"；刘文华在《新编经济法学》中认为"企业是指依法成立并具备一定组织形式，以营利为目的，独立从事商品生产经营活动和商业服务的经济组织"；李占祥在《积极创新社会主义企业管理学》中写到"企业是经营性的从事生产、流通或服务的组织"。

本书根据中外学术界对企业的定义，认为企业是以营利为目的而进行商品生产交换活动的经济组织。

从动态角度看，企业是一个个体或一个群体，以营利为目的而进行商品生产交换活动。一个企业既要从市场上采购商品（产品或服务），又要在市场上向顾客出售其生产加工的商品（产品或服务）。这些经营活动形成了两股流：

商品流——指从市场购买商品（设备、原料等），并向市场销售商品（产品、服务等）

的商品活动流。

资金流——指资金支付（原材料费用、修理费用、租金等）和资金流入（销售收入回款）的资金活动流。

由于企业的目的是盈利，因此，流入企业的资金应多于流出的资金。一个经营成功的企业，可以连续多年通过有效的经营循环，不间断地进行采购、生产、销售活动。

简易企业经营活动流程图如图 1-2 所示。

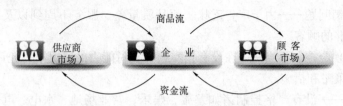

图 1-2　简易企业经营活动流程图

二、创办企业面临的挑战

创办企业意味着你要去从事企业的经营活动，这与受雇于别人拿工资的情况是完全不同的。可以说，创办企业是你人生的一个重大转折，它会改变你的生活。你要办企业，就得全力以赴，做大量艰辛的工作，只有这样，才能使你的企业获得成功。当然，一旦你获得成功，你为之付出的努力会使你获得经济收益，并感到满足。

人们出于多种原因创办企业。有些人是为了体现自身价值而创办企业；有些人则是为了改变生存方式而创办企业；还有些人可能是因为下岗和失业等原因而决定创业。不管你因何种原因而创业，你都要记住，创业既有好处，也有烦恼和困难。

自己创业使你获得许多好处，比如，你可以：

（1）更好地掌握自己的命运。

（2）不听命于他人。

（3）按自己的节奏工作。

（4）因出色的工作而赢得尊重、威望和利润。

（5）感受创造以及为社会做贡献的乐趣。

自己创业也会出现许多问题，你将遇到以下烦恼和困难：

（1）拿自己的积蓄去冒风险。

（2）不分昼夜地长时间工作。

（3）无法度假，生病也得不到休息。

（4）失去稳定的工作收入。

（5）为发工资和债务担忧，甚至拿不到自己的那份工资。

（6）不得不做自己不喜欢的事，如清洁、归档、采购等。

（7）无暇与家人和朋友待在一起。

如果你已经有了一份稳定的工作，就要认真考虑是否放弃每月稳定的工资收入、奖金、福利，以及养老、医疗、失业保险等社会保障待遇。经营一个企业要承受非常大的压力，你必须考虑你将面临的巨大挑战。

务必记住：企业可能会失败！一旦失败，你可能会血本无归。导致企业失败的原因很多，例如：

(1) 管理不善——业主不能很好地管理企业，发现问题不能及时地采取行动。

(2) 盗窃和欺骗——员工从企业窃取财物或是偷懒。

(3) 缺乏技能和专业知识——不会管理资金、人员、机器、库存，不懂怎样与客户做生意。

(4) 经验不全面——往往有销售经验，却没有采购经验；或者有财务经验，却没有生产或销售经验等。

(5) 市场营销问题——由于广告乏味、商品质量差、服务不周到以及布置陈设不吸引人，不能招徕足够的顾客。

(6) 赊销和现金控制不当——在没有核实顾客支付能力的情况下，允许顾客赊账购物，没有稳定的收款策略和措施。

(7) 高支出——没有严格控制诸如差旅、娱乐、营业场地、水电、电话通信等费用的支出。

(8) 某些资产过多——设备和车辆以及生产性物资过多，缺乏足够的现金维持日常的经营活动。

(9) 库存管理不善——存货太多，无法售出或用于展示。

(10) 营业地段不理想——企业设在偏僻的街道，不好找，或离客户太远。

(11) 灾害——没有为企业投保，从而因火灾、水灾或其他灾害，使企业遭受损失。

所有这些问题都可以通过有效的培训和经验积累得到解决。通过认真参加"小企业创办"培训活动，你将学会创办和管理一个企业。

能力训练

创业并不是一件容易事

宗青厚想成为一名成功的企业家，辞掉现在国际货运代理公司的工作后，在市区一个不错的位置开了一家"启达食府"餐饮店。但他并不照看生意，整天东游西逛，与朋友喝酒、打麻将。店里的盥洗室不清洁，饭店也不对外供应快餐。

宗青厚待员工不好，经常拖欠工资，也不能及时与供货商结账，这家店不久就倒闭了。

问题：

1. 宗青厚的行为有错吗？

2. 我们能从宗青厚身上吸取什么教训?

任务 2　评估创业潜力

任务导入

赵晨和顾宇的创业故事(一):毕业了,我们怎么办?

浙江宁波人赵晨,现年22岁,双鱼座,是宁波某高职院校大三毕业生,就读艺术设计专业,对产品外观设计有自己独特的见解,在校期间的设计作品曾在省级大赛中获奖。浙江温州人顾宇,现年21岁,白羊座,宁波某高职院校大二在校生,就读电子商务专业,对计算机及网络销售兴趣浓厚,自己在淘宝网上开有一家网店,但生意一般。两人在同一城市不同的两个学校,但有一共同爱好——喜欢玩魔兽世界,是一对玩友。

图 1-3　创业合作伙伴建立途径之一:共同爱好

快乐的时光总是过得很快,赵晨毕业了。可能是双鱼的性格,赵晨并不安分,找了四五家公司都静不下心来好好工作,但不工作怎么来养活自己呢?赵晨家里并不十分富裕,供孩子读完大学,基本也没有多少积蓄了,接下来要靠赵晨自己拼搏了。

一次无意中与玩友顾宇聊起找什么工作好时,白羊座的顾宇给了赵晨一个很好的发展方向。去年在淘宝网上USB暖手鼠标垫销售很火,顾宇也想销售这类产品,但因为要货量小,去年去进货时厂家不发货给他。据他了解这类USB暖手鼠标垫生产厂家主要集中在宁波地区,加工并不复杂,所以,善于发现商机的温州人顾宇想自产自销——自己生产并在自己的淘宝店上销售。这个想法,很合赵晨的心意,自主创业一直是赵晨的理想,但创业谈何容易,更多的时候只是空想而已。现在有了合伙人,又能解决就业问题,两人一拍即合。

毕业了,开始创业!

任务布置

任务1:分析赵晨"工薪就业"和"自主创业"两种选择的利弊。

任务2:顾宇还是一个在校生,评价其是否适合创业。

任务3:给赵晨和顾宇这对游戏玩家的创业潜力打分。

相关知识

一、创业,从自我探索开始

与其他职业相类似,创业也是职业生涯规划过程中的一种职业选择。在进行创业职业决策时,也同样遵循职业生涯规划的基本理论和模型。

"人—职匹配"理论是经典职业生涯规划理论之一,其基本含义是指当组织或工作情境满足个体需要、价值、需求或偏好时发生的匹配。

从"人—职匹配"理论发展出职业生涯规划的基本模型,如图1-4所示。

图1-4 "人—职匹配"基本模型

成功的创业者有一些共同的特征,这些特征对创业的成功有重要的作用。因此,进行创业决策,是对这些创业特征和特质的了解,并进而对个体自我的了解和探索开始的。

二、识别潜在的创业者

越来越多的员工不满意自己的工作,原因可能包括以下六点:

(1)不喜欢循规蹈矩。

(2)能力得不到认可。

(3)收入有限。

(4)职责有限。

(5)难以实现自己的想法。

（6）不喜欢从属于雇主。

心存不满的员工可能会寻找机会自主创业，他们可能会因为下列原因而开创自己的事业：

（1）独立自主——想成为自己的老板。
（2）急需一份工作。
（3）增加收入。
（4）为孩子创立一份事业。
（5）比打工赚更多的钱。
（6）有机会来证明自己的能力。

尽管"创业者"这个词通常被用来指那些自主创业的人，但是创业并不只是一份工作或一个职业，而是一种生活方式。因此，应该以现实的眼光来审视一下自己的特点。回答下列问题，可以帮助你发现自己是否具备创业能力：

（1）你通常会为了实现目标而自我激励并努力工作吗？
（2）你能与别人进行良好的合作吗？
（3）你在群体中通常承担领导者的角色吗？
（4）你能够与别人良好沟通吗？
（5）你善于倾听吗？
（6）你自信吗？
（7）你能正确认识自己吗？
（8）你做决定时果断吗？

对于上述问题，你的肯定回答越多，说明你具有的创业特征就越多。成为创业者的一个基本因素就是能够向其他人提供有价值的东西。别人对你的产品或服务需求越大，你的潜在收益就越高。如果你能帮助别人提高他们的生活水平，或改善他们的生活，你就可以满足社会的需求。这就是为什么说好公民同时也是好创业者的原因。

能力训练

判断谁的创业潜力大

范丽家住浙江的磐安高姥山景区。这里农活不忙，许多年轻人都进城打工去了。因为母亲病重，她不能出远门。她很想多挣点钱接济家用，给母亲治病，也给自己买些衣物用品。

她原打算在村里办一个小旅店。翻来覆去地想过以后，她觉得自己的想法不现实：村里的人太保守，他们不会欢迎陌生人到村里住，而且村子离公路干线太远，即便能说服大家，也很难吸引到游客。再说，如果天气总是阴雨连绵的，就是说服了游客在村里住下，他们待着也很无聊。

邻村的小佳也打算在村里办个小旅店。她知道，她得先向村里人宣传自己的想法，得到乡亲的理解和支持才行。她相信自己能做出个好样子，使大家相信小旅店也能赚钱，而且不会打扰村里人的生活。她向县旅游局写了份宣传小册子，又搭车进县城，与一些旅行社和客运公司的人谈了自己的想法。让她兴奋的是，各方人士都赞同她的想法，认为很多旅游者其实喜欢住在村里。许多旅行社已经在探讨为游客提供在高姥山的山村里歇脚的途径。小佳很受鼓舞，立即准备她的创业计划。

问题：

1. 范丽和小佳各自的长处和弱点是什么？

范丽的长处	小佳的长处

范丽的弱点	小佳的弱点

2. 谁将成为一个好的企业创办者？为什么？

任务导入

赵晨和顾宇的创业故事（二）：创业，我们能行吗？

当赵晨把创办企业的计划告诉朋友后，有些人表示怀疑，认为办企业要有魄力和本钱，要有一定的人脉关系，还要会抓机会，否则一旦失败了就会倾家荡产，所以劝他们慎重。不少同学也劝赵晨再找找工作，可能会有更好的工作机会。赵晨不同意这种意见，他相信他和顾宇的组合会成功，因为：

第一，他们看准目前电子商务行业高速发展的市场行情，网上购物已成为一种消费习惯，是网民常态化的购物方式。据各类权威报告，截至2016年6月，我国网民规模达7.1亿，互联网普及率达到51.7%。其中仅通过手机上网的网民达1.73亿人，占比24.5%。手机在上网设备中占据主导地位。2016年，我国电子商务交易市场规模稳居全球第一，电子商务交易规模达20.2万亿元，并将持续同比稳步增长。顾宇的淘宝店铺虽然生意一般，但已积累不少经验，而且他的鼠标垫在微信朋友圈卖得如火如荼，以后微店也是很好的发展领域。现在主要是缺乏有竞争力的货源，而近几年USB暖手鼠标垫在网络上卖得很火，如果有合适的货源。帮助赵晨实现产品差异化，承接个性化定制鼠标垫的业务，主打两人擅长游戏鼠标垫领域，相信会有巨大的市场潜力。

图 1-5　创业构思甄选

第二，他们认为自己具备创办企业的基本素质。知识层面，他们都是大学生，已经有了十多年的知识积累，同时通过参加学校举办的创业培训课程，对创业的知识有了一定的储备。技能层面，赵晨在大学期间参加了学校的创业俱乐部，曾经领导一个学生小组经营学校创业园区的彩虹车；顾宇没入大学前在假期就跟着表哥做手机生意，在大学期间自己就经营网店继续销售手机；两人都具备了创业的基本技能。特质层面，他们都不喜欢循规蹈矩，愿意承担风险，相信通过自己的努力肯定会获得最后的成功。

第三，顾宇家比较富裕，他父母愿意提供资金帮助。赵晨家积蓄不多，但他的舅舅愿意借钱给他。项目总体投资并不大，所以资金是有保障的。

第四，USB暖手鼠标垫制作工艺并不复杂，主要在图案设计上是否有吸引力。由于赵晨家在小家电之乡慈溪，电器元件采购比较方便，而款式设计上赵晨是科班出身，有专业优势。当然，这里还有一个整体构架设计，赵晨刚好有位小学同学是在一家电子企业做车间主任，经验很丰富，他愿意帮助赵晨。最后，电暖鼠标垫外罩是需要缝纫技术加工而成，可这个赵晨不会，好在他妈妈是二十多年的老裁缝，他妈妈表示会在业余时间帮助赵晨，同时帮他培养缝纫工。

第五，赵晨和顾宇虽然都有过一定的实践锻炼，但在营销和财务方面毕竟没有接受过系统的培训，这是他们的弱点。他们计划求助各自学校的学生创业指导中心，那里不仅有专业老师指导，更有具备丰富工作经验的企业专家团的帮助，只要肯虚心学习，收获肯定不小。

任务布置

任务1：分析赵晨和顾宇组合创业成功概率。

任务2：结合赵晨和顾宇创业项目，试想换成你，创业成功概率有多大？

图 1-6　在上海东方卫视《我为创业狂》参赛选手在展示 USB 暖手鼠标垫项目

相关知识

1. 从企业创办者的角度分析自己

企业的成败取决于你自己。在你决定创业之前,应该分析评价一下自己,看看你自己是否具有创业的素质、技能和物质条件。成功的创业者之所以成功,不是因为他们走运,而是因为他们工作努力,并具有经营企业的素质和能力。思考以下问题并判断你成功的可能性有多大:

承诺——要想成功,你得对你的企业有所承诺,也就是说你得把你的企业看得非常重要,要全身心地投入。你愿意加班加点地工作吗?

动机——如果你是真心想创办企业,成功的可能性就大得多。你要问问你自己,你为什么想创办自己的企业?如果你仅仅想有些事情可做,你创业成功的可能性就不大。

诚实——如果你做事不重信誉,名声会不太好,这对你创办企业是不利的,会对你的生意产生负面影响。

健康——你必须健康。没有健康的身体,你将无法兑现你对企业的承诺。要知道,为企业操劳会影响你的健康,你要衡量一下你的身体条件,是否适应办企业的需要。

风险——世上没有绝对能够成功的生意,失败的风险随时可能发生。你必须具有冒险精神,甘愿承担风险,但又不能盲目地去冒险。先看看你可以冒什么样的风险。

决策——在你办企业的过程中,你必须做出许多决定。当要做出对企业有重大影响的决定而又难以抉择时,你必须果断。也许你不得不辞退勤劳而忠诚的员工,只要有必要,就得这么做,不要都发不出工资了,还碍于情面保留雇员。

家庭状况——办企业将占用你很多时间,因此,得到家庭的支持尤其重要。你要征求家庭成员的意见,如果他们同意你的创业想法,支持你的创业计划,你就会有坚强而有力的后盾。

技术能力——这是你生产产品或提供服务所需要的实用技能。技能的类型将取决于你计划创办的企业的类型。

企业管理技能——这是指经营你的企业所需要的技能。市场营销固然很重要，但掌握其他经营企业的技能也很必要，如成本核算和做账方面的技能等。

相关行业知识——对生意特点的认识和了解是最重要的，懂行就更容易成功。

2. 成功的创业者所必需的能力

成功创业者所必需的能力有三种，它们被定义为：
- 一系列知识
- 一套技能
- 一类特质

下面分别加以讨论。

（1）知识：知识是由一系列能够在适当的时候回忆起来的信息储备组成的。知识联系到商业上，就是明白和熟悉以下这些方面：

- 一个商业机会
- 消费者
- 产品加工
- 企业管理

- 市场
- 竞争者
- 技术上的问题
- 生产资料

只阅读和学习飞行、驾驶和游泳知识，是不会使你具备驾驶飞机、汽车和游泳的能力的。同样的道理，成功创办和管理一个小企业，仅仅明白和熟悉商业知识是不够的。

（2）技能：技能是指能够应用知识的能力。它可以通过练习获得或者发展。例如，飞行、驾驶或者游泳。联系到商业上，可以是下列技术上和管理上的技能。

技术上的：
- 工程
- 计算
- 木工
- 机械
- 餐饮

管理上的：
- 市场营销
- 财务管理
- 组织
- 计划
- 领导

知识和技能相对容易获得和提高，与之相比，特质则不容易改变和获得，并且需要时间去发展。

（3）特质：特质是由一些个人特有的品质和特征组成的集合。通过一个在中国、印度和厄瓜多尔等国的跨文化调查，发现和描述成功创业者的行为，经过 USAID（美国国际开发署）的研究，总结出 14 种成功创业者的特征。

一个成功创业者需要：

- 积极主动
- 执着
- 关心质量
- 注重效率
- 有独创的解决问题的方法
- 预测风险
- 有说服力

- 发现和利用机会
- 亲自寻找信息
- 履行合同
- 系统的计划
- 有自信心
- 有决断力
- 使用有影响的策略

下面是简要的描述。

一个企业中，如果没有人具备全部的三种能力，在成功控制风险方面将会遇到困难。如果一个人是下面这些情况，将会发生什么？

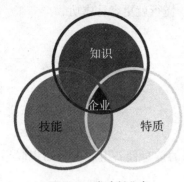

图1-7 成功创业者
所需的三种能力

只有知识和技能：一个想要创办企业的人，如果他（或她）只有知识和技能，那么企业就不太可能生存太长时间。例如，如果没有特质，当面对主要障碍时，他（或她）可能只会在短时间内坚持；或者他（或她）不能发现和利用机会；或者首先他（或她）可能不会愿意去预测商业中的风险。

只有知识和特质：一个只有知识和创业者特质的人，将会发现没有技能，知识和特质就没有应用价值了。过分依赖这样的人企业就会出现很多问题。解决的办法就是找一个具有必备技能的合作者或员工。

只有技能和特质：一个只有技能和创业者特质的创业者，在创办企业时，身处竞争的环境中，如果缺乏或不熟悉知识，例如关于消费者或市场方面的知识，将最终导致失败。企业成功的基础就是知识。

能力训练

创业者个人特质的自我评估测试

在下列问题中选一个符合你的情况或接近你的情况的描述：

1. （A）不用别人告诉我，我自己就会独立完成一些事情。
   （B）如果有人让我开始做，我就会顺利完成。
   （C）尽管做起来很简单，但是除非是我必须要做的，否则我是不会做的。

2. （A）我喜欢与人交往，愿意与任何人进行沟通。
   （B）我有很多朋友——我不需要结交新的朋友了。
   （C）我发现与大多数的人交往都是麻烦。

3. （A）当我开始做事的时候，我会让很多人和我一起做的。
   （B）如果有人告诉我必须做，我会命令别人去做。
   （C）我会让其他人去做，然后如果我喜欢我会一起去做。

4. （A）我愿意负责。
   （B）如果必须要我做，我会负责的，但是我更宁愿让别人去负责。
   （C）周围总有人愿意显示他们的聪明，就让他们去做吧。

5. （A）我喜欢在事情开始前做一个计划。我是一个经常将事情安排得井然有序的人。
   （B）我会做好大多数事情，如果太困难，我就会放弃。
   （C）如果有人安排和处理整个事情，那么我更愿意随遇而安。

6. （A）只要需要我就会坚持做的，我不会介意为想做的事而努力工作。
   （B）我会努力工作一段时间，但当我觉得够的时候，我就不会做了。
   （C）我不会为了有点成就就去努力工作。

7. （A）我能很快地做出决定，并且大多数都是对的。
   （B）如果我有足够多的时间，我就能够做出决定。但是，如果时间很短就做出决定，我过后经常会改变主意。
   （C）我不喜欢做决定，因为我经常做出错误的决定。
8. （A）人们相信我说的，我从来不说谎话。
   （B）我大多数的时间都讲真话，但有些时候却做不到。
   （C）如果人们不知道事情的真伪，我为什么要讲真话呢？
9. （A）如果我决心做什么事情，任何情况都不能阻止我完成它。
   （B）如果不犯什么错误，我通常会完成我的事情。
   （C）如果事情进展不顺，我就会放弃，何必为此烦恼呢。
10. （A）我的健康状况非常好，总是精力充沛。
    （B）我有足够的精力去做我想做的事情。
    （C）在我的朋友看来，我总是力不从心。

计算并记录个人所有选A的问题数，同样，计算并记录选B和C的问题数量。根据所得A、B、C答案的数量参考以下结论：

测试结果1：大多数是A，例如：7~10个——你是个称职的创业者。

测试结果2：少数是A，多数是B，例如：小于7个（A），或者7~10个（B）——当你试图自己去经营一个企业时，你可能会遭遇到很多困难，给你一个好的建议就是找到一个或两个能够弥补你劣势的合作者。

测试结果3：大多数是C，例如：7~10个——立刻就创办和经营一个企业目前对于你来说可能不是一个可行的选择。如果你希望从事创业，那么就要努力锻炼创业者所必需的能力。另外，你可以在一个企业里工作或选择其他你更感兴趣的工作。

资料来源：Adapted form Olm K. W. and G. G. Eddy. 1985. *Entrepreneurship and Venture Management*：*Text and Cases*. Charles E. Merrill Publishing Co., Columbus, Ohio.

拓展阅读

"Enterprise"的含义

在其广义概念里，"Enterprise"是一个被转化为计划并实施的想法或主意。在其狭义的概念里，是指冒险的生意活动。事实上，从广义上说，任何项目或事业，只要有从"想法"到"计划""执行""活动"，并且最终还有"回报"这五个步骤，就可以被称为"Enterprise"。

在生活中，无论在什么时候、做什么事情，或处理什么问题，只要你系统地遵循了以上五个步骤，那你就是一个有企业精神的人。理解了上述企业的概念，你就会明白很多人都可以是富有企业精神的（Enterprise），当然也可以创办自己的企业。一个富有企业精神的人，任何时候都能够以积极的态度面对和处理日常生活中所遇到的任何挑战和问题。一个人是否具有企业精神，关键是看他（她）面对问题的态度和处理问题时的方法。

一般来说，企业精神可以给人带来很多好处，也有助于一个人成为家庭、团队、工作及社交、生活圈子里有价值和较重要的人物。可以肯定地说，企业精神可以使人获得很多东西，积极的态度和处理问题时系统、有条理的方法，很容易使人显得与众不同。采取积极进取的态度和方法使人无论身处何种环境，都会明白应该做什么和应该怎么做。这种态度和方式会使人变得喜欢生活中的困难和挑战，因为你总是能够把它们转化为积极的成果。

"Enterprise"包括以下含义：

E Energy（精力）

创业过程中，努力工作（当然，要用聪明的方式工作）是至关重要的。为了成功地实现你的计划，为你面临的挑战和问题寻找解决办法，必须付出大量的体力和脑力。要保证旺盛的精力，需要刺激大脑及各感官器官——视觉、听觉、触觉、嗅觉和味觉器官，让他们始终保持敏锐，以保证你在任何情况下都能确切地知道应该做什么。你还应该有一个健康的身体和正常的体重，这可以通过适当的节食和运动来实现。

N Need to achieve（完成任务的需要）

要获得成功的欲望和完成任务的决心。无论做什么事情，积极的态度和对任务的把握都有利于取得比较满意的结果。它会使你更加努力工作。

T Task oriented（任务导向）

相信只有很好地执行并按时完成任务，才会获得满意的回报。想要顺利完成任务，必须注意工作效率，并且要管理好时间。对结果的关注会有助于你把精力集中在要做的事情上。

E Empathy（换位思考）

要能够进行换位思考，体会他人的感受。善于站在他人的立场上思考和分析问题。如果你身在企业，就要善于体会潜在顾客的感受和想法。

R Resourcefulness（足智多谋）

能够领导好团队，在工作中提供必要的指导，这是企业管理者必须具备的素质。要善于把握问题，动员并有效利用完成任务所必需的各类资源。这在任何事业中都是非常重要的。

P Planning（计划）

有必要做一个书面的计划，回答诸如为什么建立这个企业，需要做什么事情及如何做、谁来做、何时完成等问题，以便把握整体情况。这样做有助于进一步明确形势，做出是否应为创业做某些准备活动等决策。企业能否盈利、是否有可能亏损，都要通过计划才能知道。

R Risk-taking（承担风险）

无论干什么事情，开展什么活动，都必须做相应的决策。有企业精神的人会在调查研究之后再做出决策，因此他们通常会取得最终的成功并得到回报。作为是否有进取心的标志，这是你要走的第一步。一定要记住：成功始于正确的决策。

I Innovation（创新）

创新能力是具有企业精神的另一个特点，它能让人另辟蹊径。无论身处何种环境，通过个人的积极性、想象力、直觉和洞察力，总能够改变一些事情，也总是能够找出做事的方法。信息是创新的基础。有企业精神的人都非常重视各类信息，对信息非常敏感，并擅长进行信息搜索、整理和研究工作。

S　Skills（技能）

具有企业精神的人都有执行并完成任务的知识和技能。人们一般都有一定的知识、观点和实际技能，这些都是顺利完成任务所必需的。要善于评估自己的才能和技能水平，并分析怎样才能更好地将它们应用于工作之中。应该充分利用自己的才干和技能，否则它们就只能被遗忘并被白白浪费掉。

E　Endurance（坚持）

创办一个企业会面临许许多多的困难和挑战。面对前进道路上的诸多挑战，为了创办你的企业并获得所期望的回报，做到持之以恒和坚持不懈是非常关键的。为了应对各种可能遇到的挑战，必须具备忍耐、坚持和自信等态度。

项目小结

开办自己的企业会有许多回报，你可以掌握自己的未来，有机会过上富足的生活。不过，一旦你当了企业主，你也会遇到很多困难，生活将不像你当雇员时那么简单，至少在企业创办初期是如此。很多企业主失败的主要原因是对企业管理不善。

要想创业成功，首先得有强烈的愿望和动机，要有承诺和责任感，还要诚实，要给企业员工树立好榜样，赢得员工和顾客的信任和尊重。

你必须管好企业。要考虑员工和顾客的利益，这包括搞好计划和组织工作，使你的企业做好销售产品和提供服务的准备。周密的计划可以帮助你克服或避免许多开业时意想不到的困难。

特别要注意的是，一个企业中，如果没有人具备知识、技能和特质全部的三种能力，在成功控制风险方面将会遇到困难。

当你认认真真、踏踏实实地走出了这一步时，你就会对自己是否具有当企业主的素质以及自己的技能和特质有了一个基本和切实的了解。现在，你可以决定是否应该开始制订自己的创业计划了。

项目过程考核

个人创业潜力评估测试表

（1）要实事求是地填写表 1-1。

（2）填写每一项能力或个人素质时，先阅读说明，然后再评价你在这方面有长处还是有弱点。

（3）把你的创业构思讲给一位家庭成员或与你关系密切的朋友听。请他们对你进行评价，然后把他们对你的评价填入表格中。

（4）数一数你总共有多少长处，有多少弱点（先打"√"，再计数）。

表 1-1 自我评估表

自我评估			团队成员或指导老师的意见	
	长处 □	弱点 □	长处 □	弱点 □
个人情况 承诺——为了创业的成功，你需要对你的企业做出承诺。承诺意味着你愿意把你的企业放在最重要的位置上，也意味着你有长期经营企业的打算，你愿意用自己的钱冒险创业的风险（你肯这样做，就是你的长处）。	□	□	□	□
动机——为什么你打算创办自己的企业？如果你确实想成为成功的企业业主，那么，你的企业很有可能成功（你有这样的动机，便是你的长处）。	□	□	□	□
诚实——如果你对自己的员工、供应商和客户不诚实，你将有损于自己的信誉。名声不好对自己不利（如果你不是如此，这是你的长处）。	□	□	□	□
健康——经营企业是一项十分艰苦的工作，它要求创业者有良好的身体（如果你身体好，也是一项长处）。	□	□	□	□
承担风险——没有绝对可靠的企业构思，却时刻存在着倒闭的风险。创办企业的人必须愿意承担风险，当然仅限于合理的、深思熟虑的风险（如果你认为如此，就是一项长处）。	□	□	□	□
决策——在你的企业里，你得做出重要的决策。你不能把决策权让给别人。经营企业时，做艰难的抉择十分重要。你能在难以决断时果断地做决定吗（如果你能这样，便是你的长处）？	□	□	□	□
家庭状况——经营企业需要很多时间，取得家庭的支持非常重要。他们应当赞同你创办企业的计划。拥有家庭的支持是一项优势（你具备这个优势，也就成为你的长处）。	□	□	□	□
财务状况——如果你有钱投资于你的企业，赔光了也问题不大，算有优势。如果你自己没有钱投入，完全依赖于创业的成功，则处于弱势（如果你资金充足，是你的一项长处）。				
个人技能与知识				

续表

自我评估			团队成员或指导老师的意见	
技术——这是企业生产产品、提供服务所要具备的实际能力。例如,开办成衣店,你得会裁剪和缝纫。如果办个机修厂,你要有机电知识。如果你不具备所需要的技能,这就是你的一个弱点(你有技术,就是你的长处)。	☐	☐	☐	☐
企业经营技能——指的是有效经营企业所需要的能力,包括销售、成本核算、记账,以及最重要的能力——人员管理能力(同时具备了两项技能,就是你的长处)。	☐	☐	☐	☐
对同类企业的了解——如果你对自己创办的这类有丰富的知识和经验,你就能避免犯常见的错误(你懂行,就是你的长处)。	☐	☐	☐	☐
算一算你有多少长处和弱点,并将数目写在这里:	☐	☐	☐	☐
看看你的长处多,还是弱点多?把两边的数据加在一起做个比较。如果长处多,说明你具有办企业的潜力,选择"是",反之,选择"否"。	是 ☐		否 ☐	

建立创业构思

知识目标

- 了解企业的不同类型
- 企业构思的产生途径
- 评估和识别创业构思

能力目标

- 能根据自身的目标和生产经营特点灵活选择企业类型
- 能把握市场机会挖掘和利用好的企业构思
- 能运用 SWOT 分析法对自己的企业构思进行评估分析

关键概念

企业类型　企业构思　创造力　SWOT 分析法　商业机会

任务1　了解企业类型

任务导入

赵晨和顾宇的创业故事（三）：我们的企业属于哪种"身份"？

赵晨和顾宇经过认真的市场调研和自我能力分析，认为双方合作进行 USB 暖手鼠标垫经营的项目有很大的成功机会，于是决定去工商局注册公司开始经营活动。可是在办证窗口，办事人员询问他们要注册公司的经营类型是什么，他们面面相觑，不知如何回答。注册公司还要先搞清楚经营类型？原来工商注册的第一步就是核名，要把自己企业的名称确定下来，而这就与企业的经营类型有很大的关系，不同经营类型的企业，所涉及的注册要求、费用及税收等政策都不相同，同时也直接决定了今后企业的经营和发展战略及管理模式，而赵晨和顾宇的创业想法中既有 USB 鼠标的制造，又有成品的网络销售，那这个公司究竟是该注册制造类呢还是贸易类？

图 2-1　企业经营类型困惑

任务布置

任务 1：分析赵晨和顾宇所要设立公司的企业经营类型。

任务 2：了解不同企业经营类型的相关政策。

任务 3：从你的角度看，赵晨和顾宇该如何操作比较合理。

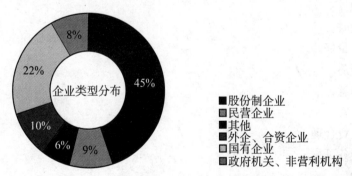

图 2-2　我国当前企业类型分布情况

相关知识

一、企业的经营类型

企业有很多经营类型，主要分类如下：

（1）贸易企业从批发商或制造商处购买商品，卖给顾客和其他企业。零售商从批发商或制造商处购买商品，卖给顾客。所有的百货商店都是零售商。批发商则从制造企业购买商品，卖给零售企业，如蔬菜、水产、瓜果批发中心。

（2）制造企业生产实物产品。如果你打算开一家企业生产销售砖瓦、家具、化妆品或野菜罐头,那么你拥有的就是一家制造企业。

(3) 服务企业不出售任何产品,也不制造产品。服务企业提供服务,或提供劳务。例如,房屋装修、邮件快递、家庭服务、法律咨询、技术培训等。

(4) 农、林、牧、渔业企业利用土地或水域进行生产,种植或饲养的产品多种多样,既可能是种果树,也可能是养珍珠。

也许,你觉得有些企业其实不完全符合上述分类。如果你准备开办一个汽车修理厂,你开办的就是服务企业,因为你所提供的是维修劳务服务。汽车修理厂也可能同时出售汽油、机油、轮胎和零配件,这就是说你也在做零售业。正是如此,主要经营活动决定企业的基本经营类型。

二、不同企业类型的不同特点

要想使小企业成功,你必须对做好生意的有关因素进行分析,确保在每一方面,你所提供的产品或服务条件都是最好的。根据不同的经营类型,需要考虑以下一些重要因素:

1. 贸易企业

(1) 地段和外观好。

(2) 销售方法好。

(3) 商品范围宽。

(4) 商品价格合理。

(5) 库存可靠。

(6) 尊重顾客。

2. 服务企业

(1) 服务及时。

(2) 服务质量好。

(3) 地点合适。

(4) 顾客满意。

(5) 顾客忠实。

(6) 服务收费合理。

(7) 售后服务可靠。

3. 制造企业

(1) 生产组织有效。

(2) 工厂布局合理。

(3) 原料供应有效。

(4) 生产效率高。

(5) 产品质量好。

(6) 浪费现象少。

4. 农、林、牧、渔业企业

(1) 有效利用土地和水源。

(2) 不过度使用地力和水源。

(3) 出售新鲜产品。

（4）降低种植、养殖成本。
（5）恢复草场、森林植被。
（6）向市场运输产品。
（7）保护土地和水资源。

三、不同企业类型的税收政策

2016年5月1日起全面营改增后，所有企业主要税种均为增值税，按主管税务机关核定的办法征收。

1. 税收的种类

（1）增值税。增值税又称为正税或主税，分为小规模纳税人增值税和一般纳税人增值税。小规模纳税人增值税率是3%，开具的是增值税普通发票，不能进行进项抵扣。一般纳税人增值税可以进行进项抵扣，增值税税率目前分为17%、13%、11%、6%四档。一般纳税人即可以开具增值税专用发票，也可以开具增值税普通发票，但税率相同。

（2）附加税费。附加税是在增值税基础上附加的税种，只有交了增值税才需要交纳附加税，附加税主要包括城市建设维护税（7%、5%、1%）、教育附加（3%）和地方教育附加（2%）、排污费（或河道工程修建维护管理费）（1%），不同区县城市建设维护税的标准不同，有的是7%，有的是5%，有的是1%。其他几项附加税率恒定不变。所以，各区附加税的税率不同，可能是13%，可能是11%，也可能是7%。

（3）企业所得税。企业所得税是以企业的总收入扣除成本、费用和各项支出之后的利润总额为征税基数征收的税，国家规定的税率是25%，对于小微企业可以申请低至10%。国家需要重点扶持的高新技术企业减按15%的税率征收。

此外，还有房产税、土地使用税、印花税、车船税等。

2. 税收的税率

0税率。这是指免征增值税的经营项目适用的税率，如农业生产者销售的自产农业产品、避孕药品和用具、古旧图书等；

3%。这是小规模纳税人适用的税率，无论是商业还是服务业，都是这个税率；开具的发票一般是"增值税普通发票"，收票单位不能抵扣增值税销项税，只能作为成本发票冲减利润，少交所得税。如果去税务局代开，税率不变，但收票单位即可抵扣3%的增值税销项税了。

5%。这是房地产企业销售房产、二手房交易以及劳务外服等所适用的税率；

6%。这是属于"营改增"的现代服务业的一般纳税人的税率，包括金融业（银行、保险、证券、期货、基金等）、生活服务业（餐饮、娱乐、房屋中介、旅游、美容美发、酒店住宿、快递等）、现代服务业（广告、会议、咨询鉴证、专业中介服务、信息技术服务、代理记账等）、建筑装修业（房地产、建筑、装修）。

11%。从2014年1月1日交通运输行业包括空运、水运、陆路运输（公路、铁路和管道）其年销售额在500万元以上的纳税人，对外提供运输劳务，才能开具税率是11%的增值税专用发票。

13%。以下产品适用于13%的税率：① 粮食、食用植物油；② 自来水、暖气、冷气、热水、煤气、石油液化气、天然气、沼气、居民用煤炭制品；③ 图书、报纸、杂志；④ 饲料、化肥、农药、农机、农膜；⑤ 国务院规定的其他货物。

17%。这是销售货物或者提供加工、修理修配劳务以及进口货物的增值部分应交的税金。

3. 举例说明

小规模纳税人举例

假如你的公司是文化传播公司，客户都是规模较小、没有特别要求开增值税专用发票的公司，你暂时没有必要申请一般纳税人，你的税率是3%（如果客户需要6个点增值税专用发票，你就必须去申请一般纳税人资格，如果你公司连续12个月的开票额累计超过500万元会强制变成一般纳税人）。本月做了1笔2万元的生意，给客户开了1张2万元的发票，各项成本费用是8 000元，就这笔生意而言，你应该交的税如下：

增值税：20 000/1.03×3% = 582.52（元）

附加税：582.52×11% = 64.08（元）

企业所得税：（20 000/1.03 − 8 000 − 64.08）×25% = 2 838.35（元）

能力训练

对于下表中的企业，按照企业分类，写出具体的企业类型、实例并判断其是否为营利性企业。

序号	企业	类别	实例	营利性或非营利性
1	医院			
2	电力公司			
3	农场			
4	IT公司			
5	幼儿园			
6	大学			
7	建筑公司			
8	咨询公司			
9	饭店			
10	汽车维修部			
11	超级市场			
12	银行			
13	网吧			
14	出版社			
15	旅行社			

任务 2　挖掘好的创业构思

任务导入

赵晨和顾宇的创业故事（四）：父辈构思的启迪

赵晨的大伯赵山河出生于1962年10月，出身于一般的家庭，没有特殊的背景，是一名普通工农子弟。青少年时期是在"文革"的打打杀杀中度过的，与同年代人一样，1978年高中毕业的赵山河并没有学到多少文化知识。

1998年，一篇《话说指甲钳》的文章点醒了正在寻找商机的赵山河。这篇文章描述了1997年时任国务院副总理的朱镕基在接见全国轻工业集体企业代表时说的话："要顶住市场缺口找活路，比如指甲钳，我没用过一个好的指甲钳，我们生产的指甲钳，剪了两天就剪不动指甲了。"

赵山河模糊地意识到了指甲钳这个商机，可怎么干？脑子里还是一头雾水。他决定先开始进行市场考察。

当时，曾辉煌于计划经济时代的五大指甲钳厂商纷纷倒下。颇有戏剧性的一幕是，他去上海"双箭"指甲钳厂时，法院正在贴封条。尘封的机器和破落的厂房给赵山河留下了深刻的印象。而浙江海宁、义乌等个体作坊热火朝天地生产，也同样只重数量不重质量。

图2-3　话说指甲钳

为了小小的指甲钳，赵山河先后考察了日、韩、法、美等国家。考察后，他认为：国外的指甲钳定位于个人护理用具，而不是国内的五金用品。"非常小器"想成功，就只能走精致和细化市场的产品路线。吉列不就是把一个小小的剃须刀片做成了全球最大的品牌吗？赵山河想，"非常小器"为什么不能做成全球最大的指甲钳品牌？

赵山河决定向韩国企业"777"取经。为了获得生产指甲钳的核心技术，他成了"777"的代理商，先订购30万元产品，并不断以经销商的身份去韩国"777"工厂考察。一年飞20次韩国，赵山河终于学来了"777"的技术。

然而在四处考察的过程中，赵山河付出了代价——途中遇上车祸，左腿留下残疾。

有了过硬的技术和好的产品，如何将产品卖出去呢？不做广告，却可以将"非常小器"做到全国第一、世界第三的高度，赵山河给出了一个不一样的营销方式。

爱琢磨的赵山河算过一笔账，如果指甲钳只是个人护理工具，要是想卖出10万个指甲钳，即使是放在北京王府井生意最好的商场里，10万人排队没日没夜地买，也需要整整10天。另外，一个人每天可能会收到大量名片，也会发出大量名片，但这其中很少有会被拿出来看第二次的。

所以他决定将需要被人想起，而且没人嫌多的"名片"和容易被人想起，但每人只需要一个的"指甲钳"结合起来：一个刻着赠送人名字、头衔和电话号码的薄片指甲钳，就这样派生出来了。

在这个想法诞生之前，赵山河获得的全球指甲钳行业最大的一笔订单是：1999年5月31日，北京铁路局首次实现安全生产1 000天，为给全局47万职工每人发一份有纪念意义的礼物，几经周折，最终选定"非常小器"指甲钳。47万套指甲钳，价值1 692万元！

在一次财富论坛上，赵山河第一次向公众发表"第六媒体"——名片指甲钳营销理念。第六媒体的营销理念的确立，为"非常小器"指甲钳创造了巨大的市场需求。

电视、电台、报纸、杂志和互联网都是传播工具，指甲钳是继这五大媒体之后兴起的第六媒体，只是载体不同而已。这即是赵山河把名片指甲钳定位为"第六媒体"的缘由。

"非常小器"指甲钳的传播创意同样引起招商银行的极大兴趣，招商银行决定为每张信用卡用户赠送赵山河的"非常小器"指甲钳。"招商银行送你一把招财钳"，为赵山河带来了3 000万个指甲钳订单，仅这一张订单，价值就达1亿元人民币。

团购的模式被一次次地证明成功了，而现在"非常小器"在国内的销售额有60%是通过团购完成的。国外的模式则相对简单，赵山河说，一个国产品牌要进入国外不是件容易的事，尽管"非常小器"出口与内销比例为55∶45，但产品在发达国家还主要是做OEM（贴牌生产）。

而后，赵山河开始培训加盟商，要做"非常小器"的加盟商是需要在公司下设的商学院毕业的。因为拥有优秀的销售团队，企业才能持续发展。赵山河在2004年创立的"非常小器"商学院包括"单打冠军"班和"领军人物"班，现在共有200多名学员。

"'非常小器'与全球前两位韩国企业的销售额还有1/4之差，距离已经不远了。大概两年后，我们就会成为全球第一。"赵山河自信地说。

任务布置

任务1：分析案例中赵山河先生创业构思的来源。
任务2：如何评价出好的创业构思。
任务3：从赵山河对创业商机的把握探讨商业机会的话题。

相关知识

一、什么是创业构思

企业构思就是对个人或者组织识别机会或发现需求（市场、团体等）的回应。发现一个好的企业构思是实现创业者愿望和创造商业机会的第一步。

这里有两点需要说明：
（1）尽管企业构思是首要的条件，但它只是一个工具。
（2）无论构思本身有多好，但是要想成功，仅有构思是不够的。

换句话说，尽管企业构思很重要，但它需要转化成有价值的商业机会，一个好的企业构思必须包括市场机会和创业者具有利用这个机会的技能和资源两个方面。

二、什么是创造力

创造力是利用新的或不同的方法设计、排列、制造新事物的能力。创造性地解决市场需求和问题的能力经常被作为商业运作成功或失败的标志。它也被用来作为从普通企业当中区别出那些快速增长的企业的标志。想要具备创造性，你需要开阔你的思维和视野。

三、目前可能的创业机会领域

经常听到一些想创业的人这样抱怨:"别人机遇好,我运气不好,没有机遇。""我要是早几年做就好了,现在做什么都难了。"这都是误解。我们生活在中国这个世界上创业机会最多的国家,机遇无处不在,就看你能不能识别它。记住:创业机会无处不在、无时不在。

当前可能的创业机会领域主要有以下14种。

1. 大型不如小型

大型项目运行后,单位成本低,技术基础强,容易形成支柱产业,但资金需求最大,管理经营难度大。而一般的投资者,哪怕你已经是百万富翁,只要是做民间性质的投资,就宜选择投资小见效快,技术难度系数低的投资方向。近年来,发展最快的民间投资项目种类千差万别,经营方式无奇不有,但上千万的大项目却是寥若晨星。

2. 重工不如轻工

重工业是国民经济发展的基石,轻工业却是发展的龙头。重工业投资周期长,回收慢,一般不是民间资本角逐的领域,而是国有企业的天下。无论是生产加工,还是流通贸易,轻工产品尤其是消费品的经营风险小、投资强度低、难度小,容易在短期内见效,因此特别适合于民间资本。

3. 用品不如食品

民以食为天,中国人有闻名世界的饮食文化。千家万户的一日三餐,逢年过节,婚丧嫁娶,再加上各种接待、聚会、活动等,食品市场是十分庞大而持久不衰的,而且政府除了技术监督、卫生管理外,对食品的规模、品种、布局、结构,一般不予干涉。食品业投资可大可小,切入容易,选择余地大。

4. 男人不如女人

西方商界有句口头禅:做女人的生意,掏女人的腰包。市场调查早已表明,社会购买力70%以上是掌握在女人手中。女人不但执掌着大部分中国家庭的"财政大权",而且相当部分商品是由女人直接消费的。高档时装、鞋帽、名贵首饰、化妆品,无不是女人的世界。所以,你若在消费品领域投资,无论是生产还是销售,把你的客户定向于女人,你就会发现更多的机会。

美丽产业大有赚钱机会。买菜时可能会为了一两块钱计较的女性,为了让自己更美,花钱却是毫不手软。

5. 大人不如孩子

小孩代表未来,独生子女在中国已成为一种独特的文化现象,因此中国的儿童消费品市场是很有特色的。在零售食品、用品方面,很大一部分是儿童消费品的市场。儿童消费品市场弹性大,随机购买力强,加上容易受广告、情绪、环境的影响,向这种市场投资,是一种富有生命的选择。尤其要看到,在中国,满足了小孩的需求,在很大程度就是满足了他们父母的需求。

6. 综合不如专业

品种丰富,这已经是一般投资者的思维定式。大而全、小而全的经营,是计划经济中上下认同的模式。市场经济是综合化发展的,不过这更多的是一种宏观的态势和整体格局,微观领域往往要靠专业化取胜。专业化生产和流通容易形成技术和批量经营的市场特色,厂商有细分市场的空间，用户有较大的选择余地。

7. 新建不如租赁

购买设备、招聘员工，这是投资者的项目上马后相继要做的事情。但投资不一定都要从头开始。经济发展到一定阶段，有许多投资项目可以利用现成的人才、设备、厂房、门面甚至管理机构等，从而缩短投资周期，节省资金。有统计资料表明，对现有项目进行技术经济改造，比完全的新建项目资金消耗要减少1/3，原材料和时间消耗要节约1/2。实现这种效果的有效投资方式就是租赁。可通过向技术、设备、建筑物等经济资源的所有者交付一定的租金，取得这些资源条件的经营管理权。

8. 高价不如平价

根据问卷统计结果，平价概念获选为最具赚钱商机的创业概念。以零售业态发展来看，越是高文明的国家，平价概念的发挥越极致，因此像美国、日本等国家，处处可见大型过季商品购物中心，而日本的百元商店（我国的10元店）也因此创下亮眼的业绩。另外，因为经济不景气，产业竞争日趋激烈，也是平价概念店盛行的原因之一。

9. 口感不如健康

随着知识水准、国民所得的提升，人们对于健康的概念也越来越重视，不再是因为生病才有医疗需求，预防医学的观念已深入人心，这可从数年前曾风靡一时的灵芝、芦荟到近期番茄产品的热卖得到印证，甚至现在坊间多了很多健身俱乐部、养生餐厅等，就连饮用水及有机蔬果也会因为强调有益健康而大卖，健康概念也是具有"钱"途的创业方向。

10. 大众化不如个性化

所谓个性化概念可以分成两种，一种是商品个性化，主要是抓住时下年轻人多变、求新、个人意识高涨的特质，将自我意识形象化，为每位客户量身打造独一无二的个性化商品，像个性化吊饰、人像公仔等，满足消费者潜在的自恋情结，因而产生商机。而另一种则是店铺个性化，由于国内许多零售服务业已进入完全竞争的阶段，因此现阶段开店的制胜关键，是让消费者产生认同感，要具有独特的店铺个性，例如卖咖啡的星巴克、卖生活用品的无印良品、卖美容保养品的美体小铺等，就是具有店铺个性化的代表。

11. 教育商机

从儿童文教业与成人补教业抢占前三名可看出，符合教育概念的行业极具赚钱潜力。随着双薪家庭的比例越来越高，望子成龙（望女成凤）的心态，让父母在教育子女的投资上毫不吝啬，因此，造就了儿童文教业市场的利基。而上班族则因社会发展，知识更新速度越来越快，为加强竞争力，多积极学习新的知识和技能、培养专长，于是使成人补教业的商机浮现。

12. 汽车"后市场"商机

汽车"后市场"经济的崛起让淘金者看到了巨大商机。这一商机涵盖汽车维修、保养、装修、美容、清洗、年检、后续保险、防盗、安全、二手车交易等多个领域。据央视调查，目前我国60%以上的高档私家车有汽车美容需求；70%的私家车车主愿意安装防盗报警设备……罗兰贝格公司的一份报告指出，2020年，中国的汽车售后服务市场规模将达8 000亿元。据业内人士介绍，汽车美容、汽车装饰、汽车快修等领域的创业"门槛"并不高，投资额在5万~25万元，小本创业者也适合。

汽车"后市场"的商机具体包括：汽车清洗、快速维修、汽车防盗与安全、汽车装饰、二手车交易、停车业等。

13. DIY 商机

在追求时尚、独特、新颖的时代，年轻人喜欢标新立异，与众不同，他们不满足于百货商场里现成的商品，于是，DIY 经济火热升温。与一般的百货商场不同，这些手工作坊提倡"Do It Yourself（DIY）"的新消费理念，其卖点不是产品本身，而是制作产品的过程。对消费者来说，是将自己的创意变为现实，体验创造的快乐；对创业者来说，则在尝试全新的创业方式。

DIY 的商机具体包括：陶吧、银饰吧、十字绣小屋、纸艺店、手工玩具店、毛线编织吧、水晶花作坊等。

14. 宠物商机

最近几年，宠物经济备受关注。据统计，截至 2014 年年末，中国宠物行业市场规模已达 1 058 亿元，并且仍然保持着高速发展的繁荣景象。随着宠物市场的不断扩容，宠物饲养、宠物服务、宠物医疗等正在形成宠物经济庞大的产链，赚小猫小狗的钱，将会成为新创业方向。

宠物商机具体包括：宠物医院、宠物美容、宠物托管、宠物服装店、宠物俱乐部、宠物网站等。

四、创造性思维模式

比尔·盖茨创办微软公司，开发 Windows 操作系统等软件，成为世界首富，这是因为他首先想到了，正如他自己说的"我眼光好"。他所说的"眼光"就是过人的思维能力，即创造性思维。中国正处在高速发展时期，商机无限，机会很多，作为创业者，首先必须学会重新认识自己，改造自己，提高自己的思维能力。

创造性思维主要包括发散性思维和逆向思维，这些思维方面的训练可以帮助人们打开思路，走出思维的僵化状态，告别循规蹈矩的行为方式，让创意悄然降落心中。

1. 创造性思维的特征

创新的起点在于发现问题，满足需求。发现问题是创新之父，满足需求是创新之母。问题意识是发现问题的前提。问题意识的产生必须克服以下四种阻力：

第一种阻力是囿于有过去的经验，安于现状。

第二种阻力是习惯性思维，思维定式，打不开思路，只能发现某一类问题，看不到其他问题，应付日常问题可以，一旦需要创新就比较难了。

第三种阻力是储备知识不够，看不到问题，即使遇到问题也识别不出来。

第四种阻力是缺乏必要的魄力与胆量。

2. 克服阻力的方法

（1）突破思维定式——发散性思维和收敛性思维。

发散性思维，指在解决问题的过程中，不拘泥于一点或一条线索，而是从仅有的信息出发，尽可能扩散开去，不受已经确定的方式、方法、规则或范围等约束，并从这种扩散或者辐射式的思考中，求得多种不同的解决办法，衍生出不同的结果。发散思维包括联想、想象、侧向思维等非逻辑思维形式，一般认为"发散思维的过程并不是在定好的轨道中产生，而是依据所获得的最低限度的信息，因此是具有创造性的"。

收敛性思维,是在解决问题的过程中,尽可能利用已有的知识和经验,把众多的信息逐步引导到条理化的逻辑程序中去,以便最终得到一个合乎逻辑规范的结论。收敛性思维包括分析、综合、归纳、演绎、科学抽象等逻辑思维和理论思维形式。

发散性思维与收敛性思维在思维方向上的互补,以及在思维过程上的互补,是创造性解决问题所必需的。发散性思维向四面八方发散,收敛性思维向一个方向聚集,在解决问题的早期,发散性思维起主要的作用;在解决问题后期,收敛性思维则起主要的作用。

(2) 突破思维定式——反向思维。反向思维是从事物的反面去思考问题。即"否则,会怎样?""不然,会如何?""与其相反的东西是什么?""上下颠倒如何?"等。这也可称为颠倒思维法。从大到小,从高到低,从黑到白,从合到散,从上到下,从好到坏,从长到短等,都是反向思维的思考范围。简单说就是"从反面去想一想"。

李嘉诚在接受一家知名杂志专访时,吐露了他的成功之道:以超前的思维能力,准确判断,不断调整思维方向,看清发展思路,把握市场商机。如1967年我国香港社会不稳定,投资者普遍失去信心,房价暴跌,让不少人一夜间从百万富翁变成了穷光蛋。但李嘉诚凭借过人眼光和魄力,反向思维,趁机低价大量收购地产商开始打桩又放弃的楼盘。这样,在20世纪70年代香港楼宇需求旺盛时,他及时抛出所购地产,获利丰厚。

五、常用创造性思维训练方法

1. 集思广益法

集思广益法指在一个很和谐平等的气氛中,在会议主持人的引导下,全体会议代表针对某一问题提出自己尽可能多的想法和意见,这些想法不分先后、不分重要性高低,由主持人向全体人员公布并进行分类。集思广益的含义是在很短的时间内,如几分钟,收集与会代表对某一问题的即时的想法。集思广益的结果基本能代表当场所有与会人员的意见和思路。其最大的优点是快速地、较全面地反映大家的想法。

集思广益法的主要用途包括以下三点:
(1) 用于讨论一个组织中存在哪些问题。
(2) 用于探索解决一个问题的若干可能的办法。
(3) 用于收集会议代表对研讨或培训班的感受、总体评价和建议等。

创造力和创新管理

2. 排列法

排列法指对事物的特性一一列举,然后进行排列,分清主次,引起联想设计,是理清思路,发现创意的好方法。

3. 信息交合法

信息交合法是一种在信息交合中进行创新的思维技巧,即把事物的总体信息分解成若干个要素,然后把这种事物与人类各种实践活动相关的方面进行要素分解,把两种信息要素用坐标法连成信息标 X 轴与 Y 轴,两轴垂直相交,构成"信息反应场",每个轴上各点的信息可以依次与另一轴上的信息交合,从而产生新的信息。

例:"请大家想一想,尽量放开思路来想,曲别针有多少种用途?"

把曲别针的若干信息加以排序:如材质、重量、体积、长度、截面、韧性、颜色、弹性、硬度、直边、弧等,这些信息组成了信息标 X 轴。然后,又把与曲别针相关的人类实践加以排序:如数学、文字、物理、化学、磁、电、音乐、美术等,并将它们也连成信息标 Y

轴。两轴相交并垂直延伸，就组成了"信息反应场"。只要将两轴各点上的要素依次相"交合"，就会产生出人们意想不到的无数的新信息来。看，这是一个多么阔大、多么神奇的思维空间！

4. 头脑风暴法

头脑风暴法（BS 法）是由创造学家奥斯本发明的。在我国，也译为"智力激励法""脑力激荡法"等。该法在 20 世纪 50 年代于美国推广应用，许多大学相继开设头脑风暴法课程，其后传入西欧、日本、中国等，并有许多演变和发展，成为创新思维技法中最重要的技法之一。

该技法的核心是高度充分地自由联想。这种技法一般是举行一种特殊的小型会议，使与会者毫无顾忌地提出各种想法，彼此激励，相互启发，引起联想，导致创新思维的连锁反应，产生众多的创意。其原理，类似于"集思广益"。

一般说来，一次头脑风暴会议可得数十以至几百条新设想。

头脑风暴法的具体实施要点如下：

（1）召集 5~12 人的小型特殊会议，人多了不能充分发表意见。

（2）会议有 1 名主持人，1~2 名记录员。会议开始，主持人简要说明会议议题、要解决的问题和目标；宣布会议遵循的原则和注意事项；鼓励人人发言和各种新构想；注意保持会议主题方向、发言简明、气氛活跃。记录员要记下所有方案、设想（包括平庸、荒唐、古怪的设想），不得遗漏。会后协助主持人分类整理。

（3）会议一般不超过 1 小时，以半小时最佳。时间过长，头脑易疲劳。

（4）会议地点应选在安静不受干扰的场所。切断电话，谢绝会客。

（5）会议要提前通知与会者，使他们明确主题，有所准备。

（6）自由畅想。思维越开放，构想越新奇越好。有时看似荒唐的设想，却是打开创意大门的钥匙。

（7）多多益善。新设想越多越好，设想越多，可行办法出现的概率就越大。

（8）借题发挥。可以利用他人想法，提出更新、更奇、更妙的设想。

运用头脑风暴的经验：

（1）讨论主题的确定很重要。要具体、明确，不宜过大或过小，也不宜限制性太强；题目宜专一，不要同时将两个或两个以上问题混淆讨论；会议之始，主持人可先提出简单问题做演习；会议题目应着眼于能收集大量的设想。

（2）会议要很有节奏，巧妙运用"停一停"的技巧：3 分钟提出设想，5 分钟进行考虑，再 3 分钟提出设想反复交替，形成良好高效的节奏。

（3）参加会议者应有男有女，以额外增强竞争意识和好胜心。

（4）领导或权威在场，常常不利于与会者"自由"地提出设想。只有在充分民主气氛形成的局面下，才适于领导或权威参加。

（5）为使会议气氛轻松自然，自由愉快，可先热身活动一番：比如说说笑话、吃东西、猜个谜语、听段音乐等。

（6）主持人应按每条设想提出的顺序编出顺序号，以随时掌握提出设想的数量，并提出一些数量指标，鼓励多提新设想。

（7）会后要及时归纳分类，再组织一次小组会评价和筛选，以形成最佳的创意。

能力训练

寻找创业机会

生意就像公共汽车一样,也许下一分钟就会再来一辆。一个成功的企业家一定要听从自己的直觉,敢于挑战传统,懂得什么时候倾听,什么时候行动。一个企业家如果真正做到了这些,就能够收获成功的果实。通过本次练习,学会挖掘身边的创业机会,从自己或他人的不满及需求中产生良好的创业构思。

思路1　努力寻找身边你想要却又找不到的产品或服务。这里有几个例子供你参考,不过,它们并不一定适合你的情况。希望你在这些例子的启发下,产生出你的想法,填在下一栏里。

(1) 在当地的商店里,玩具的品种很少,顾客的选择余地不大。
(2) 当地没有令人感到舒适的可与朋友会面的休闲咖啡店。
(3) 住宅小区里没有办法既快捷又可靠地为住户发运包裹。
(4) 当地最近香菇缺货,得买别的来代替。

你的创业想法:

思路2　判断社区里哪些产品或服务质量差。这里有几个例子供你参考,不过,它们并不一定适合你的情况。希望你在这些例子的启发下,产生出你的想法,填在下一栏里。

(1) 这里的粉刷工不肯细心地刷墙,总是拖泥带水,地上涂料星星点点。
(2) 到商店买东西,碰到售货员结账或整理货物,他(她)就会把你放在一边,你只得耐心等待。
(3) 在车站,你从来搞不清楚哪儿是队头,哪儿是队尾,特别是在上下班客流量处于高峰的时间里,人们总因秩序混乱而深感不满。

你的创业想法:

任务3 验证创业构思

任务导入

赵晨和顾宇的创业故事（五）：USB暖手鼠标垫，路在何方？

赵晨和顾宇决定从电子商务起步，一个负责管理和技术，一个负责销售，他们自己注册了一个网店，开始进行网络销售。运营初期，鼠标垫的销售很火，一下子就卖出了1 000余套，两人异常兴奋，这证明市场对产品的认可。可好景不长，随着网店生意的红火，很多传统鼠标垫的卖家也开始模仿销售他们的USB暖手鼠标垫，同时与加工厂的合作关系也开始出现裂痕。加工厂不但将他们的鼠标垫产品出售给了其他客户，同时开始拖延产品的交付，导致了他们网店的产品供应出现滞后，使很多消费者产生不满，大大影响了网店的信誉度，而更雪上加霜的是，传统鼠标垫的卖家加大了降价力度，使两种鼠标垫的价格产生了较大差距，这时候如果他们的USB暖手鼠标垫也选择降价，那么产品的利润空间将大幅下降，如果不降价，肯定会失去一批客户群体，在内忧外患下，网店的经营陷入了冰河期。

图2-4 创业路：前途路漫漫

任务布置

任务1：分析赵晨和顾宇的USB暖手鼠标垫与传统鼠标垫的竞争优势。
任务2：就网店经营安全及产品安全角度思考以上案例中的危机有哪些预防措施。
任务3：对这个创业构思如何有效运作展开讨论，并提出合理化建议。

相关知识

寻找、发现和利用商业机会是任何一个成功创业者的特征之一，也是成功创办和管理企业的基础。创业者不仅要产生创业构思和识别商业机会，还要筛选和评估它们，从而把握和利用最有价值的机会。

1. 什么是商业机会

商业机会可以简单地定义为一个有吸引力的能够使投资者收回投资的想法或主张。这样的机会表现为消费者的需求导致了可以给顾客提供更多价值的产品和服务。

2. 一个好的商业机会的特征

一个好的商业机会必须是可实行和实现的，并要符合以下标准：

（1）有真实的市场需求。

（2）能够收回投资。

（3）具有竞争力。

（4）可以实现预期的目标。

（5）拥有可以实现目标的有效的资源和技能。

3. SWOT 分析法

SWOT 是长处、弱点、机会和威胁四个英文词的缩写。进行 SWOT 分析时，要从你自己的企业考虑并写下所有的长处、弱点、机会和威胁。

（1）研究长处和弱点，是分析你的企业内部可改变的因素。

① 长处指你的企业的优势所在。例如，你的产品比竞争对手的好；你的商店的位置非常有利；你的员工技术水平很高等。

② 弱点指你的企业的劣势所在。例如，你的产品比竞争对手的贵；你没有足够的资金按自己的愿望做广告；你无法像竞争对手那样提供综合性的系列服务等。

（2）关于机会和威胁，是了解企业外部你无法影响的因素。

① 机会是指周边环境存在的对企业有利的事情。例如，你想制作的产品越来越流行；附近没有和你类似的商店；潜在顾客的数量将上升，因为许多新企业在向这个地区迁移等。

② 威胁指周边环境存在的对你企业不利的事情。例如，在这个地区有生产同样产品的其他企业；销售税费将提高，导致你出售的商品价格上升；你不知道你的产品还能流行多久等。

（3）当你做完 SWOT 分析，你应该能评估你的创业想法，并在以下三种决定中选择最优方案。

① 坚持自己的创业想法并进行全面的可行性研究；

② 修改原来的创业想法；

③ 完全放弃原来的创业想法。

4. 蒂蒙斯创业过程模型

蒂蒙斯创业过程模型如图 2-5 所示。

蒂蒙斯创业过程模型的含义：

商业机会是创业过程的核心驱动力，创始人或创业团队是创业过程的主导者，资源是创业成功的必要保证。

创业过程始于创业机会，而不是资金、战略、网络、团队或商业计划。开始创业时，商业机会比资金、团队的才干和能力及适应的资源更重要。在创业过程中，资源与商机间经历着一个适应→差距→适应的动态过程。商业计划为沟通创业者、商机和资源三个要素的质量和相互间匹配和平衡状态提供语言和规则。

创业过程是商业机会、创业者和资源三个要素匹配和平衡的结果。

项目二 建立创业构思　33

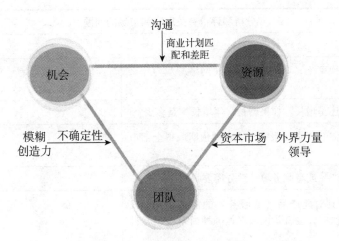

图 2-5　蒂蒙斯创业过程模型图

处于模型底部的创始人或创业团队要善于配置和平衡，借此推进创业过程，他们必须做的核心工作是对商机的理性分析和把握，对风险的认识和规避，对资源的最合理的利用和配置，对创业团队适应性的分析和认识。

创业过程是一个连续不断地寻求平衡的行为组合。

在三个要素中绝对的平衡是不存在的，但企业要保持发展，必须追求一种动态的平衡。用保持平衡的观念展望企业未来时，创业者必须思量的问题是：目前的团队是否能领导公司未来的成长、资源状况；下一阶段成功面临的陷阱。这些问题在不同的阶段以不同的形式出现，影响企业的可持续发展。

总之，创始人或创业团队必须在推进业务的过程中，在模糊和不确定的动态的创业环境中，具备创造性地捕捉商机、整合资源和构建战略、解决问题的能力，要勤奋工作、富有牺牲精神。创业者在创业过程中的情绪就像一个杂技表演者，一边要在平衡线上跳上跳下，保持平衡，一边还要在动荡的处境中进行各式各样的表演。

能力训练

评价自己的创业构思能否产生商业机会

发现机会只是第一步。下一步是评价，目的是展示所看到机会的范围和细节。系统的评价应遵循以下四个步骤：

（1）着手细致地检验商业产品或服务的市场。

（2）评估现有的与预期的竞争程度，然后设计能给你带来优势的战略。

（3）看一看机会的经济数字。

（4）考虑成功所需要的财务与人力资源。

创业的成功仅取决于足够多的人承认产品或服务的价值并愿意花钱来买。

以小组为单位对小组形成的创业构思进行分析并完成下面表格：

分析和评价有关顾客和市场的问题	
顾客如何得到益处？	
有多少人受益？换言之，市场有多大？（网络游戏为什么盛行？受益？）	
市场容量是稳定还是增长？如果增长，年增长率是多少？	
在未来几年中，你的产品（服务）能合理预期取得全部市场的多大比例？	
竞争者有另一种产品或者服务填补部分需要吗？	
潜在的客户意识到对此产品（或服务）的需要了吗？或者，这种需要是潜伏的，也就是说，它是一种尚未被顾客自己发现的需要吗？	
到底谁是潜在的客户吗？你能叫出他们的名字吗？你能描述他们吗？	
你如何接触到潜在顾客并达成交易？是直接地，还是通过分销商，还是通过零售店？	
与替代品相比，你这种产品（服务）的功用是什么？	

拓展阅读

一、为什么要产生你的企业想法

创业者和想要成为创业者的人需要产生企业想法是有很多原因的。下面仅仅是一小部分原因：

（1）你需要一个想法——一个好的企业想法。一个好的企业想法是成功创办一个企业的基本要素，在创办企业之前和之后都是需要的。

（2）对市场需求的反应。市场是由那些有需求并且希望能够被满足的消费者组成的，创业者和企业都能够通过满足有购买能力的消费者而获得利润。

（3）对流行趋势和需求变化的反应。由于流行趋势和需求变化会产生新的商业机会，创业者可以用新的想法、产品和服务来满足需求，把握机会。

（4）走到竞争对手的前面。记住，如果你不提出新的想法、产品和服务，而你的竞争对手做到了，你将会面对更多不同的挑战。

（5）开发新的技术——做更好的产品。技术已经是当今市场中主要的竞争工具，时代的变化迫使更多的企业去创新。世界上只有个别的电子和家用器具企业能够平均每个月开发出几十款新产品。对于在全球市场中的这些企业及很多其他企业，产生企业想法至关重要。

（6）产品的生命周期。所有产品都有一个有限的生命。新产品最终会陈旧和过时，因而需要制订一个新产品和产品成长计划。企业的繁荣和成长取决于它引进的新产品和对新产品成长的管理。

（7）降低风险和减少失败。联系产品生命周期的概念，事实上有超过80%的产品是失败的,因此对于企业来说,想要降低风险,设法产生新的想法是非常必要的。

二、商业机会的评估

商业机会客观存在于市场之中,是一种有利于企业发展的机会或偶然事件,是还没有实现的必然性。

首先,要搞清楚市场是什么,应在市场中的价值链的哪一端确定自己的市场,这样才能找出竞争对手,才知道你的机遇在哪里。

其次,分析影响市场的每一种因素。知道自己的市场定位后,就要分析该市场的抑制、驱动因素。要明确影响这个市场的环境因素是什么,哪些因素是抑制的,哪些因素是驱动的。此外还要找出哪些因素是长期的,哪些因素是短期的。如果这个抑制因素是长期的,那就要考虑这个市场是否还要做。还要考虑这个抑制因素是强还是弱,然后找出市场的需求点。在对市场各种因素进行分析之后,就很容易找出该市场的需求点在哪里,这就要对市场进行分析,要对市场客户进行分类,了解每一类客户的增长趋势。例如,房地产市场从业企业就要对哪段价位的房屋市场增长快,哪段价位的房屋市场增长慢做出分析,哪个阶层的人是买这一价位的,它的驱动因素在哪里?要在需求分析中把它弄清楚,要了解客户的关键购买因素,即客户来买这件东西时,最关心的前三件事情、前五件事情是什么。

再次,做市场供应分析。即多少人在为这一市场提供服务,在整个的价值链中,所有的人都在为企业提供服务,因位置不同,很多人是你的合作伙伴而不是竞争对手。不仅如此,还要结合对市场需求的分析,找出供应伙伴在供应市场中的优劣势。接下来要找出新创空间机遇。供应商如何去覆盖市场中的每一块,从这里能找出一个商机,而新的创业模式正好能补充它,填补这一空白,这也就是创业机会。

最后,创业模式的细分。知道了市场中需要什么,关键购买因素是什么,以及市场竞争中的优劣势,就能找出新创公司竞争需要具备的优势是什么,可以根据要做成这一优势所需的条件来设计商业模式。

吉福德·平肖在 Intrapreneuring in Action 中提到了评估商业机会的三个问题:
(1) 它现实吗?
(2) 我们能战胜竞争对手吗?
(3) 胜利是否物有所值?

营销管理中评估机会的四个问题,与此很相似,但更通俗一些:
(1) 这是不是一个机会?
(2) 这是不是你的机会?
(3) 是不是赢的机会?
(4) 值不值得赢?

平肖在机会识别的部分谈到的机会特征也有参考意义,列举如下:
(1) 通过一种能够清晰分辨个体期望的形式,已经确认了真正的消费者;
(2) 已经检验并确认新的项目会提供与众不同的便利,而你的目标消费者正好需要它们;
(3) 你提供的东西在某些重要方面具有消费者认同的显著优势;

(4)技术上可以确保生产这样的产品,同时保证在消费者可接受的价格层面有盈利空间。

三、机会窗的大小

"机会窗"是对某种事物干预的最佳时期。

比如在医学上讲,化疗手术后两周是肿瘤复发的最危险时期,同时也是干预的最佳时期。

比如对于房地产来讲,当国家各项调控政策到位,楼盘价格下降,同时购房者购买力充足的时候,就是楼市的"机会窗"。

机会就像个窗户,它是真实存在的,但它不是永远都敞开的。随着时间的推移,市场以不同的速度在增长,市场变得更大,确定市场的难度就更大,因此时机的选择很重要。然后解决的问题就是决定窗户打开的时间长度,能否在窗户关闭之前把握和抓住机会。

四、什么是好的商业机会

商业本身是很严肃的一件事,但谈论商业模式却成为当下的时尚。当然,这其中大多数其实是在谈"Idea"而不是"Business Plan"。

好的商业机会包括哪些内容?

(1)你所能提供的产品和服务。这是衡量你这个商业机会在"Idea"层面是否可行的第一步。一般情况下,这是商业计划最重要的部分,否则很难实施创业。

(2)你的管理团队。谁都知道人才是21世纪最重要的,但不是一堆人才在一起就能做好一个企业。拿新媒体来说,核心团队是否囊括了技术创新、网络运营、商业运营、广告经营、内部管理的人才?这几项是做好新媒体创业的基本要素。而绝大多数企业的初创团队都是存在短板的。

(3)你面临的市场和竞争环境。从这开始,大家就开始宣传自己的理念,都说自己是市场的缔造者,只要烧的钱够多,就能保持持续的竞争优势。新媒体行业发展的初期,有很多这样的创业者。但是,在后来,人们只会记得最终的成功者。

(4)你如何营销。你的产品和服务的价格体系、折扣策略、销售策略、分销体系……这些在正常商业中最基本的东西,新媒体公司有几家真正考虑过?新媒体很大的收入来源在于广告,做得好的公司,能照着大门户改出一套自己报价,但空洞的数字是根本卖不动的,持续性的广告的卖法学问大了。不是新媒体不赚钱,而是新媒体公司的不成器,所以赚不到钱。

(5)你的公司的运作体系。公司的组织构架、管理、决策流程,外部资源的获取使用等,这些不是可有可无的样子货,对商业运营非常致命。是有效执行,还是绝大部分能量都损耗在了内部?这些是很需要经验的。我一直觉得新媒体不适合创业,这不意味着不会有创业成功者,只是从概率上来讲。除非你做新媒体的技术服务商,否则,你必然要进入媒体、广告这样相对成熟的行业,从业者都有相当的经验,还要能站在他们的肩膀上做出更大的产出。坦率地讲,力量对比是很悬殊的,能有效整合借力前行的少之又少。

(6)你的执行策略。新媒体实在是个变化太大的行业,如何确立目标,如何确保实现,中间发现不对如何调整,完不成的时候怎么继续?实际上每个决策都需要这样的审视。但往往，大家都会有很多的完不成的借口，一个个设定的里程碑就这样不了了之了。如果没有一个强势的执行策略，一家公司很难持续生存，也谈不上发展。

（7）你的资金安排。多少企业死在了只差一口气。现在的企业领导人都挺有勇气赌的，赌能融到下一笔钱，融不到就大家互道珍重了。整个行业投机心态很重，如果一开始就想着做百年企业，那么钱的花法，对产出的追求，都会有很大变化。更别说在运营中参照管理会计的分析决策了，资金的投入是否有效恐怕对绝大多数新媒体企业无从知晓。

（8）风险的防范。新媒体的商业环境是非常艰难的，来自市场的风险很多，不少公司在被问及这些时，会回一句"行业风险我解决不了别人也解决不了"。但事实上，能找到防范风险的办法的企业才有机会，其他的，真的是成批成批的倒掉，市场是不怜惜眼泪的。

项目小结

你应该花更多的时间斟酌创办企业的想法，而不是把时间花在开办企业的任何具体活动上。一个不好的创业概念会以企业的失败而告终，而一个出色的创业构想意味着企业的真正成功。

企业有多种类型，大多数可以归为零售、批发、制造、服务、农业、林业、牧业、渔业企业。为了使企业获得成功，你一定要确定对计划创办企业的各个方面都已经考虑周到了。企业的每个方面必须运转良好。

当你计划开办企业时，不要想得太大，这点很重要。不要承担负担不起的债务。否则，一旦由于某种原因企业放慢发展进度，债务会把企业拖垮。应随着企业的发展再计划扩大业务。如果你的想法过于超前，银行经理多半不会给你贷款。

在将你的想法转变为实际企业之前，要收集信息并制订计划，评估一下你的企业是否会成功。企业计划是一份详细描述企业方案各个方面的书面文件。它将帮助你认真思考并找出你创办企业的想法中的弱点。这是本书下一步要介绍的内容。

项目过程考核

要求每个小组从报纸或杂志的商业部分中寻找并确定一个创业构思。商业部分包含产品或服务的广告、销售信息、关于流行趋势或消费者需求变化的报道等内容。然后说明对这些想法感兴趣的原因。小组成员必须共同协商和安排整个活动过程。

1. 企业名称：_____

2. 企业类型（请打"√"）：
☐商业   ☐制造业
☐服务业   ☐农、林、牧、渔业
☐其他（如有，请说明）：

3. 企业将销售的产品或服务：

4. 企业的服务对象:

5. 企业将解决并满足顾客的下列要求:

项目三

评估潜在市场

知识目标

- 了解潜在市场的构成
- 了解市场营销策略
- 熟悉目标客户信息收集的方法
- 熟悉竞争对手信息收集的方法
- 熟悉销售量预测的方法

能力目标

- 能开展顾客需求调查
- 能收集并分析竞争对手信息
- 能制定市场营销策略
- 能制订销售量预测计划

关键概念

市场　潜在顾客　竞争者分析　产品　价格　选址　促销

任务1　了解潜在顾客

任务导入

赵晨和顾宇的创业故事（六）：潜在顾客需求市场调研

赵晨的表哥高强在上海的一家咨询公司工作，趁他回来探亲，赵晨和他谈了办企业的想法，向他请教如何进行市场需求调查，从中学到了很多实用的知识。高强认为这个USB暖手鼠标垫是家居类小产品，目标客户主要是使用电脑的白领、学生等年轻人，确实适合在网络销售，同时也可以在一些实体数码市场作为电脑周边配套产品销售。由于项目投资小，很适合大学生创业。

关于如何发掘潜在顾客，高强的建议是在网络这一块，通过淘宝等目前市场主流的网络市场来寻找客户。在这些知名网络市场上，输入暖手鼠标垫关键词，会出现不少这类的买家，这些买家规模有大有小，但都对销售暖手鼠标垫有需求，都属于潜在顾客。高强建议让顾宇来牵头联系这些买家，因为顾宇有网络销售的经验，容易与这些卖家洽谈。

当然也不能放弃那些实体店卖家，毕竟目前这些卖家还是市场销售主力军。高强建议赵晨目前暂时以宁波市为主要销售区，这些潜在顾客主要聚集在各大数码产品大卖场。赵晨可以分地区到每个大卖场寻找这些数码周边产品经销商，主动去了解这些顾客对暖手鼠标垫的需求。

对潜在顾客需求的市场调研主要包括以下内容：潜在顾客的人数、潜在顾客的购买力、潜在顾客的购买意愿。具体细化可以调查他们对质量、价格、产品（式样、材质、大小、颜色、包装等）、运输方式、结款方式、售后服务等多方面的偏好。

图 3-1　需求市场调研

任务布置

任务 1：预测赵晨与顾宇的潜在顾客市场调研碰到的最大障碍。

任务 2：区别网店顾客市场调研与实体店顾客市场调研的差异。

任务 3：判断潜在顾客的需求能否通过市场调研手段得来。

相关知识

一、什么是市场

市场，传统的概念是指买主和卖主聚集在一起进行交换的场所，如菜场、集市、商店。经济学则用市场这一术语来泛指一特定产品或某类产品进行交易的卖主和买主的集合，从而产生房屋市场、粮食市场，等等。

可是，在营销者看来，卖主构成行业，买方则构成市场。商人口头上用"市场"这个词来概括各种不同的顾客群体，如需求市场（如美容市场）、产品市场（如鞋类市场）、人口统计市场（如青年市场）、地区市场（如杭州市场）。

市场营销学是从卖主的角度解释什么是市场的。市场是指那些具有特定的需要或欲望，而且愿意并能够通过交换来满足这种需要或欲望的全部潜在顾客。

因此，一个市场的大小就取决于那些表示有某种需要，并拥有某种支付能力，又愿意以这种支付手段取其需要的东西的人数。就是说市场的容量或潜量大小取决于三个变量（常称其为市场三要素）：

(1) 潜在顾客的人数。
(2) 潜在顾客的购买力。
(3) 潜在顾客的购买意愿。

这三个变数是无法用相加这样的方式结合在一起的,如"市场=人口+购买力+购买欲望"的表达方式是不可取的。这三项要素中任何一个在形成市场潜量时都是不可或缺的。比如没有购买意愿,人数和高购买力就会变得毫无意义。

潜在顾客是指可能购买但是不一定真正成为购买者的那些人。如某地 300 万人（潜在顾客）可能购买某公司的洗发水,而最终使用过该洗发水的人（现实顾客）是 80 万人,还有 220 万人中有人可能不使用任何品牌的洗发水,也可能购买其他品牌。

二、调查潜在顾客信息

在这一任务中,你将学习怎样识别潜在的顾客,了解他们为什么选择买你的产品而不是买你竞争对手的。你可以利用这方面的信息准备市场计划,它将成为你创业计划的一个重要部分。

1. 了解你的客户

顾客是你企业的根本,如果你不能以合理的价格向他们提供所需的和想要的产品,他们会到别处去购买。对你感到满意的顾客会成为回头客。他们会向自己的朋友和其他人宣传你的产品。让顾客满意,意味着会给你带来更多的销售额和更高的利润。

记住,顾客就是企业的衣食父母!

顾客购买产品和服务是为了满足不同的需求,他们购买：

(1) 汽车,因为他们需要交通工具。
(2) 服装,使自己的外表更美观得体。
(3) 电脑,为了获得信息和娱乐。
(4) 手机,为了方便通信和移动上网等。
(5) 游戏,为了缓解生活寂寞。

他们到底要什么

记住,如果你解决了顾客的问题,满足了他们的需求,你的企业就有可能成功!

2. 了解顾客的信息

收集顾客的信息,也就是做顾客方面的市场调查,这对任何创业计划来说都是很重要的。为了帮助你了解顾客的情况,你可以提出下面这些问题：

(1) 你的企业准备满足哪些顾客的需要？把你准备提供的产品或服务列一张单子,并记录顾客需要的产品或服务的种类。你的顾客是男性还是女性,是老人还是儿童？其他企业也可能成为你的潜在顾客。把所有可能影响你创业思路的想法写下来。

(2) 顾客想要什么产品或服务？每个产品或服务的哪方面最重要？质量、价格、规格、颜色,还是售后服务？

(3) 顾客愿意为每个产品或每项服务付多少钱？

(4) 顾客在哪儿？他们一般在什么地方和什么时间消费？

(5) 他们多长时间消费一次,每年、每月还是每天？

(6) 他们消费的数量是多少？

(7) 顾客数量在增加吗？能保持稳定吗？

（8）为什么顾客购买某种特定的产品或服务？

（9）他们是否在寻找有特色的产品或服务？

通过做顾客需求调查，你可以得到上述这些问题的可靠答案，有助于判断你的企业构思是否可行。

◇ 信息推测——如果你对一个产业很了解，你可以凭自己的经验进行预测。

◇ 网络调研——同网络买家进行交流，咨询他们对你的产品的建议和意见。

◇ 利用产业渠道获得信息——通常，你可以从在这一行业工作的其他人那里获得有关市场规模的有用信息。要了解某一产品的市场份额以及顾客的需求和意见并不难，你可以与该产品的主要批发商交流，也可以通过阅读专业论坛、报纸、商业报刊和行业杂志等来了解你需要的信息。

◇ 抽样访问你针对的那部分顾客——通过网络或者实体店，与尽可能多的顾客交流，看一看到底多少人想买你的产品。

能力训练

确定你的顾客

顾客特征	情况
谁将成为你的顾客（一般性描述）	
年龄	
性别	
地点（他们住在哪里）	
工资水平（具体数字）	
他们什么时候将购买你的产品或服务（每日、每周、每月、每季度、一年一次）	
他们愿意出多少钱买你的产品或服务	
他们的购买量有多大	
未来的市场规模和趋势（未来顾客的数量会增加、减少或保持不变）	

任务2　了解竞争对手

任务导入

赵晨和顾宇的创业故事（七）：收集竞争对手情报并不是一件容易事

对潜在顾客需求心理有个底后，根据表哥高强的建议，赵晨和顾宇要对竞争对手的情况去摸一个底。但要了解竞争对手的情况，可是要比了解潜在顾客的信息难多了。既然存在竞争关系，那么对手肯定会保留自己核心的内容，有些甚至就直接闭门谢客。赵晨和顾宇商量后决定只能假装顾客的身份来探询情报，赵晨主攻实体工厂，而顾宇主攻网络卖家。

赵晨前后花了2周的时间以一位在义乌小商品市场有摊位的叔叔的名义去那些竞争对手的企业进行情报收集。而同时，顾宇在网络上以买家的身份也对那些暖手鼠标垫销量比较大的卖家进行咨询。总体来看，赵晨虽然经常吃到闭门羹，但收集了关于技术、生产安排、质量控制方面的有用情报，顾宇得到的情报也不少，对竞争对手的价格、款式、质量、包装、售后服务、运输、结款方式等有了进一步的认识。

图3-2　竞争对手情报搜集

把两人信息汇总后，目前USB暖手鼠标垫生产主要集中在宁波慈溪一带，因为那一带靠近原材料基地。主要原材料橡胶垫、短毛绒、碳纤维发热片都能在那一带采购到。赵晨在自己的走访过程中发现，生产暖手鼠标垫的企业规模都很小，他看到的最大的一家也只有10个雇工左右，都属于家庭式个体小企业。雇工中女工居多，因为有很多缝纫活，主要机器是工业用缝纫机，据说要2 000多元一台。暖手鼠标垫这个产品还处于成长期，因为那里最早的企业也只开工3年。去年，产量最大的一家据说销售了15万个，差的就只有2万多个。产品总体销售价偏低，一般售价在6.5~8元。每家的品种只有4~5种，款式大同小异，都是模仿一些著名卡通，为了避免侵权，进行了一些简单的改动，没有多少创新。包装只是用简单的塑料袋，或干脆不做任何包装。价格的区别主要在于规格的大小、材料的厚薄。由于企业小，哪家都没有经营计划，销售量多少也是根据能卖多少来定，有些甚至一次性做一定的量然后就不再生产而等待订单。这些企业基本都是摸着石头过河，唯一的目标就是想多赚钱。没有一家在网络上有自己的网店，都是通过他人的网店来销售自己的产品。赵晨还打听到宁波北仑有一家产品质量很好，出厂价格在15元左右，主要是出口，所以不是直接的竞争对手。顾宇收集到信息反馈这个产品去年网络上卖疯了，原因是去年寒冷天气较长而厂家供货又短缺，网络卖家价格普遍在10元以上，最高有卖16元的，最低的也要9.9元。这些厂家的产品质量都一般，有些消费者购买的产品一个冬季没用到就坏了，但因为价格便宜也就算了。货运都通过快递公司，因为产品体积小、重量轻，物流成本都比较低。包装基本都是一个塑料薄膜袋。

根据收集到的情报反映，目前竞争对手中还没有把工厂和网店直接结合的，赵晨和顾宇对自己的方案信心更足了，他们计划再增加一些创新元素，比如设计一些更有吸引力而不侵权的图案，设计一个可以作为礼品赠送的包装。

任务布置
任务1：归纳收集竞争对手情报主要收集哪些有用信息。
任务2：总结收集竞争对手情报的主要方法。
任务3：评价赵晨和顾宇的情报收集工作质量。

相关知识

一、竞争者

竞争者一般是指那些与本企业提供的产品或服务相似，并且所服务的目标顾客也相似的其他企业。

竞争者分析是指企业通过某种分析方法识别出竞争对手，并对它们的目标、资源、市场力量和当前战略等要素进行评价。

其目的是准确判断竞争对手的战略定位和发展方向，并在此基础上预测竞争对手未来的战略，准确评价竞争对手对本组织的战略行为的反应，估计竞争对手在实现可持续竞争优势方面的能力。对竞争对手进行分析是确定组织在行业中战略地位的重要方法。

二、竞争者的类型

企业参与市场竞争，不仅要了解谁是自己的顾客，而且还要弄清谁是自己的竞争对手。从表面上看，识别竞争者是一项非常简单的工作，但是由于需求的复杂性、层次性、易变性、技术的快速发展和演进、产业的发展使得市场竞争中的企业面临复杂的竞争形势，一个企业可能会被新出现的竞争对手打败，或者由于新技术的出现和需求的变化而被淘汰。企业必须密切关注竞争环境的变化，了解自己的竞争地位及彼此的优劣势，只有知己知彼，方能百战不殆。

可以从不同的角度来划分竞争者的类型：

1. 从行业的角度来看，企业的竞争者类型

（1）现有厂商：指本行业内现有的与企业生产同样产品的其他厂家，这些厂家是企业的直接竞争者。

（2）潜在加入者：当某一行业前景乐观、有利可图时，会引来新的竞争企业，使该行业增加新的生产能力，并要求重新瓜分市场份额和主要资源。另外，某些多元化经营的大型企业还经常利用其资源优势从一个行业侵入另一个行业。新企业的加入，将可能导致产品价格下降，利润减少。

（3）替代品厂商：与某一产品具有相同功能、能满足同一需求的不同性质的其他产品，属于替代品。随着科学技术的发展，替代品将越来越多，某一行业的所有企业都将面临与生产替代品的其他行业的企业进行竞争。

2. 从市场方面看，企业的竞争者类型

（1）品牌竞争者：企业把同一行业中以相似的价格向相同的顾客提供类似产品或服务

的其他企业称为品牌竞争者。如家用空调市场中,生产格力空调、海尔空调、三菱空调等厂家之间的关系。

品牌竞争者之间的产品相互替代性较高,因而竞争非常激烈,各企业均以培养顾客品牌忠诚度作为争夺顾客的重要手段。

(2) 行业竞争者:企业把提供同种或同类产品,但规格、型号、款式不同的企业称为行业竞争者。所有同行业的企业之间存在彼此争夺市场的竞争关系。如家用空调与中央空调的厂家、生产高档汽车与生产中档汽车的厂家之间的关系。

(3) 需要竞争者:提供不同种类的产品,但满足和实现消费者同种需要的企业称为需要竞争者。如航空公司、铁路客运、长途客运汽车公司都可以满足消费者外出旅行的需要,当火车票价上涨时,乘飞机、坐汽车的旅客就可能增加,相互之间争夺满足消费者的同一需要。

(4) 消费竞争者:提供不同产品,满足消费者的不同愿望,但目标消费者相同的企业称为消费竞争者。如很多消费者收入水平提高后,可以把钱用于旅游,也可用于购买汽车,或购置房产,因而这些企业间存在相互争夺消费者购买力的竞争关系,消费支出结构的变化,对企业的竞争有很大影响。

3. 从企业所处的竞争地位来看,竞争者的类型

(1) 市场领导者:指在某一行业的产品市场上占有最大市场份额的企业。如宝洁公司是日化用品市场的领导者,可口可乐公司是软饮料市场的领导者等。市场领导者通常在产品开发、价格变动、分销渠道、促销力量等方面处于主导地位。市场领导者的地位是在竞争中形成的,但不是固定不变的。

(2) 市场挑战者:指在行业中处于次要地位(第二、第三甚至更低地位)的企业。如联合利华是日化用品市场的挑战者,百事可乐是软饮料市场的挑战者等。市场挑战者往往试图通过主动竞争扩大市场份额,提高市场地位。

(3) 市场追随者:指在行业中居于次要地位,并安于次要地位,在战略上追随市场领导者的企业。在现实市场中存在大量的追随者。市场追随者的最主要特点是跟随。在技术方面,它不做新技术的开拓者和率先使用者,而是做学习者和改进者。在营销方面,不做市场培育的开路者,而是搭便车,以减少风险和降低成本。市场追随者通过观察、学习、借鉴、模仿市场领导者的行为,不断提高自身技能,不断发展壮大。

(4) 市场补缺者:多是行业中相对较弱小的中小企业,它们专注于市场上被大企业忽略的某些细小部分,在这些小市场上通过专业化经营来获取最大限度的收益,在大企业的夹缝中求得生存和发展。市场补缺者通过生产和提供某种具有特色的产品和服务,赢得发展的空间,甚至可能发展成为"小市场中的巨人"。

综上所述,企业应从不同的角度,识别自己的竞争对手,关注竞争形势的变化,以更好地适应和赢得竞争。

三、分析你的竞争对手

(1) 产品:竞争企业产品在市场上的地位;产品的适销性以及产品系列的宽度与深度。

(2) 销售渠道:竞争企业销售渠道的广度与深度;销售渠道的效率与实力;销售渠道的服务能力。

(3) 市场营销:竞争企业市场营销组合的水平;市场调研与新产品研发的能力;销售

队伍的培训与技能。

（4）生产与经营：竞争企业的生产规模与生产成本水平；设施与设备的技术先进性与灵活性；专利与专有技术；生产能力的扩展；质量控制与成本控制；区位优势；员工状况；原材料的来源与成本；纵向整合程度。

（5）研发能力：竞争企业内部在产品、工艺、基础研究、仿制等方面所具有的研究与开发能力；研究与开发人员的创造性、可靠性、简化能力等方面的素质与技能。

（6）资金实力：竞争企业的资金结构；筹资能力；现金流量；资信度；财务比率；财务管理能力。

（7）组织：竞争企业组织成员价值观的一致性与目标的明确性；组织结构与企业策略的一致性；组织结构与信息传递的有效性；组织对环境因素变化的适应性与反应程度；组织成员的素质。

（8）管理能力：竞争企业管理者的领导素质与激励能力；协调能力；管理者的专业知识；管理决策的灵活性、适应性、前瞻性。

能力训练

确定你的竞争对手并做出优势分析

优势分析 / 我的竞争对手 我的产品或服务	竞争者甲的产品或服务 姓名：_____ 地址：_____ 电话：_____	竞争者乙的产品或服务 姓名：_____ 地址：_____ 电话：_____	竞争者丙的产品或服务 姓名：_____ 地址：_____ 电话：_____
价格合理性			
质量可靠性			
购买方便性			
顾客满意度			
员工技术水平			
企业知名度			
品牌信誉度			
广告有效性			
发货及时性			
地理位置优越性			
特别销售策略有效性（如赊销、折扣）			
售后服务			
设备			
销售额			

任务3 制定市场营销策略

任务导入

赵晨和顾宇的创业故事（八）：我们卖的是什么——产品决策

USB暖手鼠标垫主要工作原理是在普通鼠标垫上加了一个毛绒布盖，毛绒布里面还藏了一片柔性的发热材料。通过电脑USB接口，发热材料的温度会达到并恒定在45度左右，这样在这个温暖的鼠标垫套里操作鼠标就会很舒适，不会再有冰冷的感觉。赵晨和顾宇通过前期实地和网络的市场调研发现，购买此类鼠标垫的人群主要是冬天怕冷的电脑用户，因为冬天使用电脑时握鼠标的手会变得非常冰冷僵硬，手指变得不灵活，直接影响工作效率和娱乐情绪。这个消费群体很大，如办公室白领、学生、游戏玩家、网虫等。但主要还是以年轻的女性消费者为主。男性消费者虽然也怕冷，但用不习惯。

图3-3 产品决策

赵晨和顾宇为了做好产品决策，专门来到学校市场营销权威徐教授办公室寻求专业的指导。徐教授告诉他们，产品决策可以按照消费者从产品中获得的利益层次来开展，即核心产品、形式产品、延伸产品。根据徐教授的指导，赵晨和顾宇把USB暖手鼠标垫的核心产品定位在暖手保护上，主要解决冬天手冷的问题，所以这个产品首先必须能热，而且热得让手舒服。他们把形式产品定位在质量和款式的创新上，质量是产品立足的根本，不能没用几天就坏了，同时因为女性消费者多，各种可爱的卡通造型也是吸引她们的一个亮点。他们把延伸产品定位在售后服务上，目前市场上该类产品数量众多，但不少都是鱼目混珠，消费者能难识别产品品质。赵晨和顾宇计划提出30天内质量问题包换服务来吸引消费者，以彻底消除他们的后顾之忧。

图3-4 暖手鼠标垫产品

任务布置

任务1：讨论分析赵晨和顾宇卖的是什么产品。

任务2：归纳根据产品的利益层次来进行产品决策的合理性。

相关知识

一、产品的概念

提到产品，人们首先想到的是方便面、运动鞋、手机等一些具有物质形态和使用价值的物质实体。这是传统的产品概念。进入20世纪50年代后，这个产品的定义已不适应市场的发展，事实上顾客购买某种产品并不只是想得到产品的物质实体，而是通过购买该产品来获得某方面利益，甚至有的顾客购买的只是某种利益而无物质形态的实体。比如顾客去美容院美容是希望自己更加年轻漂亮，去听演奏会是追求精神上的满足。因此，产品不单单是指有形的物质实体，也包括无形的服务。

从市场营销角度，产品是指一切能满足消费者某种利益和欲望的物质产品和非物质形态的服务。即产品=有形物品+无形的服务，有形物品包括产品实体、色泽、款式、包装等，无形服务包括给买主带来附加利益和心理上的满足感及信任感的售前、售中及售后服务等。

二、产品的利益层次

产品整体概念包含三个层次：核心产品、形式产品、延伸产品，如图3-5所示。

1. 核心产品

核心产品是指产品为满足消费者需求所必须具有的功能和效用，是能够给消费者带来的实际利益，也就是消费者购买产品时所追求的中心内容。核心产品是产品的中心部分，消费者只有在所追求的基本功能和效用得到充分满足的条件下，才会去追求产品的其他部分。比如消费者购买空调，首先追求的是空调的制冷和制热的功能，在这个需求满足后，才会考虑空调的款式、品牌、安装、送货等。

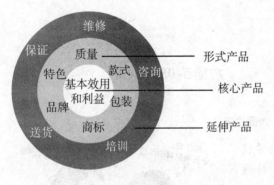

图3-5 产品整体概念示意图

2. 形式产品

形式产品是指产品所具有的质量、特色、款式、品牌、包装等可以满足不同消费者需求的具体内容。具有相同效用的产品，其表现形态可能有较大的差别。顾客购买产品除了追求其核心利益外，还会考虑产品的款式、质量、特色、包装、品牌等。顾客购买空调，在制冷和制热的需求满足后，还会考虑购买柜机还是挂机，空调的质量如何，是海尔好还是格力好等。

3. 延伸产品

延伸产品是指消费者购买产品所期望得到的附加服务或利益，如送货、安装、维修、保证等。例如顾客购买空调，在核心和形式产品都接近的情况下，就会比较企业提供的服务。随着科学技术的发展，企业提供的产品在核心和形式上会越来越趋同，延伸产品就成为决定企业竞争力的关键因素。美国市场营销学家里维特教授断言："未来竞争的关键，不在于工厂能生产什么产品，而在于其产品所提供的附加价值：包装、服务、广告、用户咨询、消费信贷、及时交货和人们以价值来衡量的一切东西。"

4. 产品三层次论对营销的意义

产品三层次论体现了以顾客为中心的现代营销观念，对市场营销活动具有一定的指导意义：

首先，产品三层次论说明顾客追求的核心利益是十分重要的。顾客在购买产品时只有基本效用或利益得到满足，顾客需求才会真正获得满足，企业才会走向成功。企业若不了解这一点，很容易陷入营销近视症的误区。

其次，随着经济的发展，延伸产品越来越重要，特别是企业所提供的服务。因为随着经济的发展和人民收入水平的提高，顾客对产品无形的服务越来越关注，因此，企业应摆脱传统产品观念的束缚，重视产品无形的服务的开发，为顾客提供优质的服务，更好地满足顾客的需求。

最后，产品三层次论说明企业的竞争可以在多个层次上展开。随着科技的发展，产品在功能、品质上越来越接近，很多企业就从价格方面竞争，价格战越打越激烈，最后导致两败俱伤。除了价格以外，产品的竞争还可以在款式、包装、品牌、售后服务等各方面开展，从而赢得竞争优势。

能力训练

准备你的市场营销计划——产品

市场定位之产品策略篇

填表说明：

1. 在下表的顶端列举你的企业将出售的所有产品和服务。如果你的产品或服务超过五项，请自行增加列数。

2. 在表的第一列中填写产品或服务的特征，并完成本表格的相应内容。你需要考虑产品的不同特征，如质量、颜色、规格、包装、零配件、维修以及服务的态度、效率、质量、安全等。

内容 \ 产品或服务 \ 特征	1	2	3	4	5
质量					

> **任务导入**

赵晨和顾宇的创业故事（九）：我们的产品值多少钱——价格决策

赵晨和顾宇虽然对自己的创业前景充满信心，但说实在的他们确实对自己的产品能卖多少价格心中还是没底。因为经济学的理论告诉他们，价格围绕着价值波动，那么他们的USB暖手鼠标垫到底价值多少呢？这个应该是由消费者说了算。赵晨和顾宇的消费者有两类，一类是直接的终端消费者——就是我们通常说的顾客；还有一类是经销商（包括批发商和零售商）。根据他们前期的调研，终端消费者只有觉得价格公道，产品性价比高时他们才会购买，而经销商们只有觉得有利润时才会积极进货和推销。所以他们给经销商定的批发价和经销商给顾客定的零售价对企业的成功都至关重要。但是赵晨只知道做一个暖手鼠标垫的成本大概多少，而顾宇觉得零售价他掌握不了，因为取

图3-6　产品定价方法

决于经销商的本事和终端消费者的接受能力，搞不清批发价定成多少才合适。怎么办？他们决定把前期市场调研记录的资料整理出来，从了解到的零售价出发往回推算批发价和成本价。调研表明，网上客户购买和他们类似的暖手鼠标垫花费在10~13元，批发商一般在进货价上加价10%~20%。零售商一般是在成本价上加价30%~40%，顾宇提出，如果他们的产品在网络上零售9.8元，出货就比较容易。如果他们也照搬批发商和零售商的加价规则，那么给经销商的批发价（出厂价）不能高于7元。这意味着他们的成本价应控制在6元左右。对此赵晨觉得比较有把握。他们的价格政策就这么确定了。从这个定价来看，这个产品如果直接销售给网络顾客，那个利润非常高，即使是卖给那些批发商也有16%的利润。当然，批发商的量最大，其次是各个零售商，自己在网络上直接零售数量是最有限的。

任务布置

任务1：分析赵晨和顾宇使用的定价方法。

任务2：讨论赵晨和顾宇的定价方法是否合理。

> **相关知识**

一、确定定价方法

定价方法是企业为实现其定价目标所采用的具体方法。由于价格的高低主要受成本费用、市场需求和竞争状况等三方面因素的影响和制约，营销主管可以从对这三方面的不同侧重点考虑选择不同定价方法。但总可归纳为以下四种：成本加成定价法、目标收益定价法、认知价值定价法、随行就市定价法。

1. 成本加成定价法

成本加成定价法是一种最简单的定价方法，就是在单位产品成本的基础上，加上一定比

例的预期利润作为产品售价。售价与成本之间的差额即为利润。由于利润的多少是按一定比例反映的，这种比例习惯上称为"几成"，所以这种方法被称为成本加成定价法。其计算公式为：

$$单位产品价格 = 单位产品成本 \times (1 + 加成率)$$

这种方法的优点是简便易行，被广泛应用。尤其在零售业中，大都采用加成定价。这种方法的不足是从卖方的利益出发进行定价的。

2. 目标收益定价法

目标收益定价法是根据企业的总成本和估计的总销量确定一个目标成本利润率，作为核算定价的标准，然后核算出每个产品的售价。如美国通用汽车公司，它以总投资额的15%~20%作为每年的目标收益率，然后摊入汽车的售价中去。

3. 认知价值定价法

认知价值定价法也称觉察价值定价法，是以消费者对商品价值的感受及理解程度作为定价的基本依据。因为消费者购买商品时总会在同类商品之间进行比较，选购那些既能满足其消费需要又符合其支付标准的商品。消费者对商品价值的理解不同，会形成不同的价格限度。这个限度就是消费者宁愿付货款而不愿失去这次购买机会的价格。如果价格刚好定在这一限度内，消费者就会顺利购买。

4. 随行就市定价法

采用随行就市定价法时，企业在很大程度上是以竞争对手的价格为定价基础的，而不太注重自己产品的成本或需求。企业的定价可以等于、高于或低于主要竞争对手的价格，在钢材、造纸、化肥等寡头垄断行业中，企业通常制定相同的价格。小企业会追随市场领导者。当市场领导者变动价格时，它们会随之变动，并不管自己的需求或成本是否发生了变化。有些企业的价格可能会略为提高或稍打折扣，但它们的差额保持不变。

二、价格调整

企业制定产品的基本价格后，通常会在价格的执行中做适当的适应性调整，如提供折扣、折价和促销支持。

1. 现金折扣

现金折扣，即对按约定日期付款或提前付款的顾客给予一定的价格折扣，如销售房产、汽车时，对于现场付款、延期付款、分期付款等不同的支付条件采取相应的价格折扣（包括零折扣），目的在于鼓励顾客按期或提前支付货款，减少公司的利率风险，加速资金周转。折扣的大小一般根据付款期间的利息和风险成本等因素确定。

2. 数量折扣

数量折扣，即根据购买数量或金额的差异给予不同的价格折扣。分为非累计数量折扣与累计数量折扣两种形式。前者是对一次购买超过规定数量或金额给予的价格优惠，目的在于鼓励买方增大每份订单购买量，便于卖方企业组织大批量产销。后者是对一定时期内累计购买超过规定数量或金额给予的价格优惠，目的在于鼓励客户建立长期固定的关系，减少卖方企业的经营风险。数量折扣的关键在于合理确定给予折扣的起点、折扣档次及每个档次的折扣率。

3. 交易折扣

交易折扣，又称功能性折扣，即厂商依据各类中间商在市场营销中担负的不同职能，给予不同的价格折扣,目的在于利用价格折扣刺激各类中间商更充分地发挥各自组织市场营销活动的功能。

4. 季节折扣

季节折扣,是指对在非消费旺季购买产品的客户提供的价格优惠。目的在于鼓励批发商零售商淡季购买,减少厂商的仓储费用,以利于产品均衡生产,均衡上市。

5. 促销折扣

促销折扣,是指厂商对中间商为产品推广所进行的各种促销活动而采用的折扣,如刊登广告、橱窗展示等,给予一定折扣作为报酬。此方法尤其适用于新产品的导入期。

能力训练

准备你的市场营销计划——价格

填表说明:

1. 在下表的顶端列出你的企业将出售的所有产品或服务。如果产品或服务超过五项,请自行增加列数。
2. 在表的第一列中补充未列入你的企业的特征,并完成表格。
3. 在此,你应该先预测你的成本,以后你将再学习如何准确地计算成本。

内容 特征 \ 产品或服务	1	2	3	4	5
竞争者的平均价格					
我的预测成本					
我的价格					
如此定价的理由					
产品价格手册					
给谁折扣					
向谁赊销					
……					

任务导入

赵晨和顾宇的创业故事(十):我们的企业在哪安家——地点策略

企业的选址是一件很重要的事,比如一些国际快餐连锁巨头就特别重视这事。赵晨和顾宇企业虽小，但企业在哪里安家也是一个战略层面的大事。他们两人的家都在浙江经济发达地区，物流都很发达，都适合做电子商务，选址的主要参考依据是哪个地区更适合暖手鼠标垫生产制造。

浙江经济发展中块状经济特色很明显，块状经济是指一定的区域范围内形成的一种产业集中、专业化极强，同时又具有明显地方特色的区域性产业群体的经济组织形式。赵晨家乡在宁波慈溪，是小家电、电子产品等产业的集中地，顾宇的家乡是温州乐清，是全国闻名的低压电气制造基地。同时赵晨家附近有个省内闻名的布角料市场，主要销售大型服装厂和印染厂中的仓库积压货和布角料，但价格要比正品料便宜很多。

图3-7 企业地点策略

为此，两个合伙人都去了各自家乡进行了实地考察，最后选址定在赵晨家。理由是：其一，赵晨家乡是电子产品产业集中地，方便暖手鼠标垫一些配件的采购。其二，赵晨家乡附近的布角料市场的原材料价格便宜，但货源不稳定，要经常去淘货，而面料又占暖手鼠标垫成本一大块，为降低成本要经常去这个市场淘货，如果路太远就很不方便。其三，制造行业一般场地空间要求较高，赵晨舅舅刚好有两间空厂房可以租给他，房租则只有市场价的一半，可谓是天赐良机。至于网店的办公地点，也可以集中到这两间空厂房里，只要有网络和快递公司服务点就行。不过，赵晨舅舅的厂房离商业中心有点远，所以他们的销售主要目标是批发商，同时要找几家口碑好的物流企业，这样产品可以在最短时间内到达顾客手中。

任务布置

任务1：分析顾宇家乡更适合哪些行业的创业选址。

任务2：分析块状经济对选址带来的影响。

任务3：查询国际快餐巨头麦当劳的选址方法。

相关知识

一、为企业选址

选址是指你把自己的企业设在什么地方。如果你计划开办一家零售店或一家服务企业，地点对你来说非常重要，你必须把它设在离顾客较近的地方，这样便于顾客光顾你的店铺。一般来说，如果你的竞争者离顾客近，顾客就不会跑很远的路来你的商店。

而对制造商来说，离顾客远近并不是最重要的，最重要的是能否容易地获得生产所需的原材料。这就是说，工厂或车间应该设在离原材料供应商较近的地方。能获得低租金的厂房对制造商来说也很重要。

选址也要考虑产品的分销方式和运输问题。仅仅生产好的产品是不够的，你必须要让顾客方便地得到你的产品。

企业选址是关系小企业成败的重要因素，也是创业初期就涉及的几个问题之一。多数情况下，创业者都是就近寻找空闲的地方作为企业地点。创业者应该了解做出正确选址决策所需的信息和技能。需要强调的是，一个好的地理位置虽然只可以使一个普通的企业生存下去，但一个糟糕的地理位置却可以使一个优秀的企业失败。

企业位置分析是一个贯穿企业生命周期全过程的事情。人口变化、消费者购买习惯变化、新的交通运输方式和社区扩展方向等因素，都在决定着企业选址是否合适。企业选址要解决两个基础问题：

（1）选择一个独特的地区。

（2）在该地区选择一个特殊的地点。

二、企业位置的重要性

对于某些类型的企业来说，位置选择非常重要，像零售商店和服务类企业，如服装店、干洗店等都要靠一定的客流量来生存。这类企业要想成功必须靠近它的客户。

而对另外一些零售和服务类商店以及多数的批发类企业，地理位置在吸引客户方面却没有那么重要。如果出售的产品成本较高（如家具等），则可用产品的质量招揽顾客。某些服务类企业，如会计师事务所、税务师事务所、咨询公司等，即便是位于很偏僻的地方，仍然可以实现很高的营业额，因为消费者愿意花费时间去寻找这些企业的产品和服务。

制造类企业、建筑公司及其他一些服务类企业，一般通过销售人员或广告寻找客户，不太在意位置是否吸引消费者。这类企业在选址的时候，主要考虑成本、环境，以及原材料供应等问题。

经济、人口和竞争因素也是企业选址时要考虑的重要因素，分析这方面的因素有助于了解把企业放在哪个城市更有发展前途。

三、企业选址的一般因素

1. 经济因素

在决定把一个小企业开在哪个地区时，主要考虑社区经济方向的情况。为什么人们居住在该地区？他们的生活水平如何？其他企业为什么要设在这里？要对该地区做一下行业分析：80%的人集中在同一行业还是少数几个行业呢？这个地区只有几家企业还是有很多企业呢？该地区各行业兴旺吗？该区域的企业活动具有季节性特点吗？企业在搬出或迁入吗？分析一下这些问题将会对你的企业产生哪些影响。

人们收入水平决定着对产品或服务的需求。创业者要收集有关所选地区人们收入的信息，包括：家庭平均收入是多少？收入水平如何（低、中、高）？就业/失业趋势如何？交通状况也是重要的经济因素。

经济因素决定了当地的购买力，即购买产品或服务的能力，通常可以由受雇佣的人数、家庭总收入、银行存款、人均零售总额以及当地家庭的数量和总人数和总人口等指标来反映，这些数据一般与当地繁华与否有关。很显然，企业主要希望企业所在地区的人们对他们提供的产品或服务的购买能力不断增加。

2. 人口因素

创业者应该对可能成为其消费者的人群有所了解。比如，如果要开一家网吧，就要了解哪里青少年最多，因为这个群体去网吧上网最多。其他人口问题还包括：人口稳定性怎么样？人口迁入迁出有规律吗？人口数量是上升还是下降？如果某地区人口增长迅速，很可能有较多的年轻家庭。选址时这些问题都要考虑。

3. 竞争因素

收集竞争者的相关信息，对竞争者进行研究。要知道你有多少竞争者，他们都在哪里，还要知道过去两年内有多少跟你业务相似的企业开张和关闭了。对间接竞争者（产品或服务与你近似的企业）的情况也要做些研究。

有三种情况有利于开一家新企业：该区域内没有竞争者，竞争者的企业管理很糟，消费者对该产品的需求正在增加。

竞争对手的存在有时可能是件好事，有时可能是坏事，这取决于企业依靠竞争对手繁荣起来还是被对手击败了。比如，位于大型购物中心的零售店在有竞争对手的时候经营得相当出色，因为购物的人往往到处走动，比较各家商店，并购买商品，因为购物中心拥有大量的交易，所有零售商需要的只是市场的一个"公正份额"。在一个健康的竞争环境下，销售产品或者一般的商品零售商以及并不依靠于当地市场的批发商或制造商都能经营得相当不错，但是，也并非所有人都能做到这一点，比如，小型杂货批发商有可能会遭到竞争对手的严重伤害。

同时，在评价竞争状况时，还必须考虑到企业主的能力，他是否工作勤奋、雄心壮志并且富有经验？如果这样，那么他能够更自如地（对于不具备这些特征的人而言）竞争。

4. 个人因素

企业主的个人价值观也是选择小企业场所时重要的因素之一，企业主希望选址在什么地方？小城市还是大城市？喜欢靠近亲戚还是远离他们，喜欢暖还是冷的气候等都会影响他选址的决策。

5. 地理因素

为企业选址时所须考虑的第五个因素是地理因素。对于那些限制在某些地理范围内销售某种产品和服务的企业来说，在这个因素尤为重要。比如，天然雪场只能位于经常下雪的地方，船舶维修店的场所必须考虑靠近水域。

这方面的另一个考虑因素是与市场的接近程度。有些产品必须位于他们被销售出去的地区。比如，砖块生产需要靠近市场，因为它们非常重，如果长途运输的物流费用非常高。

还有一个重要的地理因素是劳动力的供应，有时候企业的场所是由能够找到足够劳动力的地方确定的，如果具备特殊技能的人居住在北京、上海等地，那么选址也应考虑在这些地方。

所有企业还要考虑的基本因素有：分销方式和运输问题、租购期限或付款方式、停车场地和营运成本，仅仅生产好的产品是不够的，你必须要让顾客方便地得到你的产品。除了这些基本因素外，还有一些因素重要与否取决于企业的类型，如零售类企业、制造类企业、批发类企业、服务类企业要考虑的因素都是不同的。

四、企业类型相关的选址因素

1. 零售类企业

对于许多零售类企业而言，停车是否便利和周边道路交通情况是主要问题，但开在购物中心里的商店很少遇到这样的问题。零售店还要考虑周围店铺的业务类型。有研究表明，服装店就不适合设在加油站旁边。

2. 批发类企业

批发商从制造商那里大量地购进商品,然而再小批量地卖给零售商。批发类企业选择位置主要考虑两个问题:一个是要有良好的交通条件,像铁路、公路;另一个要有适当便利硬件,如建筑设备、公共设施等。没有这些便利条件,批发类企业就很难处理大量的货物。有些地方对批发业务会有一些限制,要了解相关的规定。批发类企业也要尽可能地接近它的客户。

3. 服务类企业

服务类企业应尽可能靠近大型购物中心。但像电视维修、干洗店、牙科诊所、修鞋店或者是儿童看护等业务,就没有必要设在高租金地段。为了得到较好的服务,消费者情愿多花点时间多走点路。所有这些业务可以选择适当"偏僻"的位置。但在服务类企业中,位置好坏也会有很大的差别。让干洗店靠近食品杂货店和药店就是个不错的选择,较大的客流和便利条件有利于干洗店取得成功。但类似的位置不一定适合牙科诊所。

4. 制造类企业

制造类企业的选址不同零售业、批发及服务类企业。开办制造类企业,要考虑交通状况和距离原材料的远近。其他要考虑的因素还有:离客户远近、设施情况及当地的规定等。

在研究企业选址一般性和特殊性因素的时候,既要考虑企业目前的需要,也要考虑将来的需要。

五、选择具体位置的程序

(1)把你认为"需要"的条件列出来。同时列出你希望的但并非必需的条件。

(2)找出一定区域内符合你所列条件的所有位置。

(3)实地考察这些地方,根据初步印象剔除不合要求的选项,选两三处比较合适的。

(4)对剩下的几处再次考察,并一一对照事先列出的条件。要特别注意哪些是关系创业成败的关键因素。

(5)每个地方白天、晚上多去几次,以便进一步了解其是否适合。

(6)做客流情况统计。计算每个地点每天各时段通过的人流、车流情况,以便推算潜在消费者数量。

(7)向有经验人士和该地的生意人征询意见。

(8)综合分析收集到的各种信息和意见,做出企业选址决定。

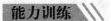

准备你的市场营销计划——选址

1. 企业将设在什么地方?

2. 选择这个地点的原因:

3. 销售方式(选一项并打"√")
我将产品或服务销售提供给:□最终消费者　　□零售商　　□批发商
4. 选择这种销售方式的原因:

任务导入

赵晨和顾宇的创业故事(十一):我们的产品怎样才能卖得更多——促销策略

赵晨和顾宇都选修过营销方面的课程,但当时没把它重视,很快又还给了老师。现在,他们的新产品需要促销策划,通过同学介绍,他们找到了赵晨学校最受学生欢迎的营销专业的杨老师。杨老师告诉他们,促销手段一般分为广告宣传、营业推广、人员推销、公共关系四种。目前国内效果最好的是广告,但成本也是最高的;其次营业推广和人员推销效果也不错,很多中小企业的促销使用这两种方法;公共关系一般适合大企业使用,小企业用不好会适得其反。于是杨老师建议赵晨和顾宇根据自身产品特点把四种促销方法结合使用。

在杨老师的指导下,赵晨和顾宇设计了他们新产品的促销方案。

广告宣传:电视媒体上打广告让他们把整个企业卖了都投不起,所以他们计划在自己的朋友圈和微博上写一些产品介绍,当然这个广告的效果取决于他们文章的点击率。同时,计划到阿里巴巴、百度或者谷歌做一些关键词点击率的广告,这个费用还是在可以承受的范围内。

图3-8 产品促销策略

营业推广:短时间内能促使批发商或者终端消费者迅速下订单的最好方法就是价格折

扣，当然不一定是现金折扣的形式，也可以包运费、送赠品或者销售返点提成。总之，优惠力度越大，效果越好。

人员推销：这个方法很老套，但效果一直不错，技术难点在于推销人员的说服力。很多小企业都是老板亲自出马，赵晨对此信心很足，觉得自己人际沟通能力很强。

公共关系：这个方法不好使用，但杨老师给他们出了一个很好的主意，目前大学生创业是热点，赵晨和顾宇可以带着他们的创业产品去参加各类大学生创业竞赛，如能得奖，媒体就会从学生创业角度帮他们免费宣传，当然前提是能拿到不错的成绩。

任务布置

任务1：分析各种促销策略的适用性。
任务2：评价赵晨和顾宇采用的促销策略。

相关知识

一、促销的概念

促销即销售促进，是指生产商（或企业）根据消费者的需求和偏好，运用各种手段，把产品的信息传递给消费者，以激发消费者购买的欲望和需求，从而促进产品销售的营销过程。促销的实质是一种沟通、激励活动。

二、促销的组合

促销的方式有直接促销和间接促销两种，又可分为人员推销、广告、公共关系和营业推广四种。由于各种促销方式都有其优点和缺点，在促销过程中，企业常常将多种促销方式同时并用。所谓促销组合，就是企业根据产品的特点和营销目标，综合各种影响因素，对各种促销方式的选择、编配和运用。促销组合是促销策略的前提，在促销组合的基础上，才能制定相应的促销策略。因此，促销策略也称促销组合策略。

促销策略从总的指导思想上可分为推式策略和拉式策略两类。推式策略，是企业运用人员推销的方式，把产品推向市场，即从生产企业推向中间商，再由中间商推给消费者，也称为人员推销策略。推式策略一般适合于单位价值较高的产品，性能复杂、需要做示范的产品，市场比较集中的产品等。拉式策略也称为非人员推销策略，是指企业运用非人员推销方式把顾客拉过来，使其对企业的产品产生需求，以扩大销售。对单位价值较低的日常用品，流通环节较多、流通渠道较长的产品，市场范围较广、市场需求较大的产品，常采用拉式策略。

三、促销的方式

促销的方式具体可分为广告宣传、营业推广、人员推销和公共关系四种。企业在制定促销策略、选择促销方式时，要综合考虑产品类型、具体的促销目标、顾客与市场的特性、产品生命周期阶段、促销预算等因素，以便达到最佳的促销效果。

1. 广告宣传

广告宣传指企业用一定的费用，通过一定的媒介，把有关产品和企业的信息传递给广大消费者的一种非人员推销的促销手段,其目的是促使消费者认识、偏爱直至购买本企业的产品。

2. 营业推广

营业推广指企业运用各种短期诱因,鼓励购买或销售企业产品或服务的促销活动。其方式包括对消费者的销售促进、对中间商的销售促进、对推销人员的销售促进。

3. 人员推销

人员推销指企业运用推销人员直接向顾客推销商品和劳务的一种促销活动。

4. 公共关系

公共关系指企业通过各种活动使社会各界公众了解本企业,以取得各类公众的信赖和好感。

能力训练

教你讨点巧之招徕定价

准备你的市场营销计划——促销

促销是一项与顾客沟通,并吸引顾客来购买你的产品的活动。促销有多种方式。促销需要资金,可以向新闻界、广告商、印刷厂和商界人士了解有关促销费用的信息。你要研究你未来的竞争者,看看他们用哪些方式促销。这样你就可以选择一种适合你的企业的促销方式。

市场营销计划

什么时候促销,怎样促销	费用/元

任务导入

赵晨和顾宇的创业故事(十二):
我们的商品会有多大市场需求——销售预测

赵晨记得在学校组织的一次创业讲座中,一位创业成功的学长总结自己生意成功的关键是摸清了市场和竞争对手,他觉得这点非常有道理,正所谓知己知彼,百战不殆。企业的主要风险是来自于市场需求变化和竞争对手的对策,摸不清市场的需求和竞争对手的策略,过多或过少安排自己的生产计划,都会给企业带来致命的打击。为此,赵晨和顾宇决定认真做好当地市场营销预测。他们用了几周的时间自己去调查,还通过亲戚、朋友等多种渠道收集竞争对手的生产和销售信息。由于从事销售的人员保密意识较强,大部分信息还是从那几家企业的工人那里得到的。表3-1是竞争对手上一年的产量:

图3-9 产品销售预测

表3-1 竞争对手上一年的产量

项目	企业1	企业2	企业3	企业4	企业5
机器数量/台	3	4	5	5	6
平均月产量/件	4 500	6 000	7 000	8 000	9 000
上一年总产量(8个月)/件	36 000	48 000	56 000	64 000	72 000

他们还从网络上收集暖手鼠标垫的销售信息,估算下来去年大概有30万件的销售额,在对网下实体店店家的咨询中得知去年他们实体店销售暖手鼠标垫的量估计同网店持平,这样总共60万件左右。扣除上述5家的产品近20万件和慈溪另外两个企业的中高档产品15万件,余下25万件是本省其他地区或外省生产的,约占总量的40%。而他们对外地竞争对手的情况,除产品样式、价格和总量外,其他知道得很少。好在经销商普遍反映USB暖手鼠标垫需求旺,有多少卖多少。他们认为这个信息是可信的,只要供不应求就有机遇,不管还有多少家要上马,不管现有的厂家打算增产多少,他们一定要抓住这个机遇,争取在3~4个月内把销售量提高到5 000件。不过头几个月销售量肯定会比较低。

表3-2是他们的销售量预测(8个月):

表 3-2 销售量预测

7月	8月	9月	10月	11月	12月	1月	2月
0	3 000	4 000	6 000	5 000	8 000	7 000	6 000

任务布置

任务1：帮助赵晨和顾宇设计预测销售量的方法。

任务2：分析赵晨和顾宇销售量预测的准确率。

任务3：解释为什么赵晨和顾宇的产品销售量预测到了1月开始下降。

相关知识

一、影响销售预测的因素

销售预测是指对未来特定时间内，全部产品或特定产品的销售数量与销售金额的估计。销售预测是在充分考虑未来各种影响因素的基础上，结合本企业的销售实绩，通过一定的分析方法提出切实可行的销售目标。

销售预测是制定企业计划时最重要和最困难的部分。企业的营业收入来自销售，没有好的销售就不可能有利润。大多数人往往过高估计企业的销售额，因此预测销售时不要过分乐观，应适当保守，留有余地。尽管销售预测十分重要，但进行高质量的销售预测却并非易事。在进行预测和选择最合适的预测方法之前，了解对销售预测产生影响的各种因素是非常重要的。

（一）外界因素

1. 需求动向

需求动向是外界因素之中最重要的一项，如流行趋势、爱好变化、生活形态变化、人口流动等，均可成为产品（或服务）需求的质与量方面的影响因素，因此，必须对需求对象加以分析与预测。企业应尽量收集有关对象的市场资料、市场调查机构资料、购买动机调查等统计资料，以掌握市场的需求动向。

2. 经济变动

销售收入深受经济变动的影响。经济因素是影响商品销售的重要因素，为了提高销售预测的准确性，应特别关注商品市场中的供应和需求情况。尤其近几年来科技、信息快速发展，更带来无法预测的影响因素，导致企业销售收入波动。因此，为了正确预测，需特别注意资源问题的未来发展，政府及财经界对经济政策的见解以及基础工业、加工业生产、经济增长率等指标变动情况。尤其要关注突发事件对经济的影响。

3. 同业竞争动向

销售额的高低深受同业竞争者的影响。古人云"知己知彼，百战不殆"。为了生存，必须掌握对手在市场的所有活动。例如，竞争对手的目标市场在哪里、产品价格高低、促销与服务措施等。

4. 政府、消费者团体的动向

考虑政府的各种经济政策、方案措施以及消费者团体所提出的各种要求等。

（二）内部因素

1. 营销策略

市场定位、产品政策、价格政策、渠道政策、广告及促销政策等都会对销售额产生的影响。

2. 销售政策

考虑变更管理内容、交易条件或付款条件、销售方法等对销售额产生的影响。

3. 销售人员

销售活动是一种以人为核心的活动，所以人为因素对于销售额的实现具有相当深远的影响力，这是创业者不能忽略的。

4. 生产状况

货源是否充足，能否保证销售需要等。

二、预测销售的基本方法

1. 你的经验

你可能在同类的企业工作过，甚至在竞争对手的企业中工作过。你应该对市场有所洞察和了解，并利用这方面的知识来预测你的销售。

记住：在研究一家现有的企业时，你要达到同样的销售和利润水平需要一段时间。

2. 与同类企业进行对比

将你的企业资源、技术和市场营销计划与竞争对手进行比较。基于他们的水平来预测你的企业销售。这可能是最常用的销售预测方法。

记住：如果在本地区没有竞争者，到其他地方看看那里的企业是怎么运作的。

3. 实地测试

小量试销你的产品和服务，看看你能销出多少。这种方法对制造商和专业零售商很有效，但不适合于有大量库存的企业。

记住：如果使用实地测试方法，创业的起步规模要小，甚至半开工状态，慢慢将企业做大。

4. 预订单或购买意向书

你可以通过要求你的客户提供产品和服务的近期预订单来预测你的销售量。如果你的企业客户不多，可以采用这种方法。这种方法适用于出口商、批发商或制造商来预测销售。

记住：这些必须是书面购买意向书，不能信赖口头协议。

5. 进行调查

调查访问那些可能成为你客户的人，了解他们的购买习惯。做好调查不容易，你最初打算提的问题一般应先以亲戚、朋友为对象进行初测。分析一下结果，然后判断你提的问题是否提供了预测销售所需的信息。你不可能采访所有的潜在顾客，所以你需要做抽样调查。

记住：抽样调查对象要能够代表潜在的客户群，这点很重要。

能力训练

预测你的销售量

1. 多数人因为过高地预测自己的销售前景而遭受挫折。所以你不要将销售量预测过高。通常有五种预测销售的方法可供选择：

（1）利用经验。
（2）与同类企业做比较。
（3）实地测试顾客对产品的反映。
（4）分析售前调查信函或顾客购买意向书。
（5）进行实地调查。

2. 你应该设计一张表来记录获取的销售信息。

3. 把你的预测结果填在表中，表的格式如下：

预测方法 预测结果 商品或服务	我的经验	与同类 企业比较	实地测试	售前信函 或意向书	实地调查
1					
2					
3					
4					
5					
6					
7					
8					
9					
10					

如有必要，请加页。

拓展阅读

市场营销组合的特点

一、市场营销组合的因素都是企业可以控制的因素

市场营销组合因素是企业可控制的因素。例如，企业可以通过分析市场，针对消费者需求，选择自己的产品结构和服务方向；可以自行选择销售渠道；可以根据市场竞争状况，自行决定产品的销售价格；也可以根据产品特点，自由选择广告宣传手段等。应当看到，营销组合虽然是企业可以控制的因素，但它要受到企业不能控制的社会文化、人口、经济、法律、科技、竞争和生态等外部环境的影响。少数企业经营的产品品种、销售价格等在不同程度上还受国家政策的控制。因此，企业在综合运用营销组合时，既要善于有效地利用可以控制的因素，又要善于灵活地使用外部不可控制因素的变化，这样才能在市场上争取主动。

二、市场营销组合是一个动态组合

市场营销组合不是固定不变的静态组合,而是变化无穷的动态组合。因为市场营销组合是产品、价格、促销等多个因素的组合,这些因素受到内部条件和外部环境变化的影响,经常处于变化状态。例如,一家洗衣机厂的市场营销组合方案可以有如表3-3所示的两种方案,这两种组合方案所得到的效果肯定是不一样的。

表3-3 某洗衣机厂市场营销组合方案

内容	方案1	方案2
产品	质量可靠,负责维修	提供配件,不管维修
价格	基本价格	折扣价格
促销	做大量广告,开展销会	做少量广告
地点	各零售商店	各批发站

在组合方案中,也可以重点选择其中某几个因素进行组合搭配。仍以这家洗衣机厂为例,假定其目标是获得更大的市场占有率,其重点选择了产品质量和价格进行多种组合,在理论上至少可以形成6种不同的策略方案,如表3-4所示。

表3-4 不同营销组合策略

价格＼质量	高	中	低
高	A	B	D
中		C	E
低			F

经过分析,发现市场上已有的洗衣机厂都实行的是A(高质高价)策略、C(中质中价)策略和F(低质低价)策略。企业要实现获取最大市场占有率的目标,必须实行B(高质中价)策略或E(高质低价)策略最为适宜,为此,其管理人员认真进行了资源、技术、设备及管理条件的分析,切实推行了价值工程,实现了质量较高而成本较低的目标。

三、市场营销组合是多层次组合

营销组合是四大因素的组合,而每一大因素中又包括许多因素,形成了不同层次的组合。如产品策略是一个组合策略,而这个因素又可进一步划分为若干个二级因素,包括产品的使用功能、外观功能、品牌和商标、包装、服务和交货期等。如果再往下分,各个二级因素还可以再分为若干个三级因素,如此等等。

四、市场营销组合是各营销因素的整体组合

市场营销组合不是四大因素的自然数相加的总和,即不是"1+1+1+1=4"而是各个因素相互配合、协同作战,综合地发挥作用。在组合合理的情况下,整体的功能要大于各局部功能之和,即"1+1+1+1>4"。这是因为,在局部功能各自发挥作用的情况下,由于缺乏协调,有些功能会相互抵消。而在营销组合的情况下,由于步调一致、目标集中,企业能达到取得最佳

经济效益的目的。当然，运用这一策略的关键是"组合"。要使组合发挥整体作用，就必须进行整体选优，不能只考虑各个因素的最优，因为单项是最优，不一定就是整体最优。就连各个层次的营销组合也必须服从整体组合的目标和需要，维护市场营销组合的整体性。同时，市场营销组合的整体性特点必然要求企业不要单纯使用一种或几种现成的策略，而是将各种策略交替使用，善于创造出新的策略形式。各种策略的交替或组合，可以收到相得益彰的整体功效。

五、市场营销组合是突出重点的组合

强调市场营销组合的整体性，并不是说在制定市场营销组合时分散地使用力量，将产品、定价、渠道、促销各因素等量齐观，而是说在新产品投入市场和产品市场生命周期的不同阶段，更应在详细分析市场特点的基础上突出市场营销组合的重点。我国江苏某厂生产的芭蕾珍珠霜，一度曾占领竞争激烈的我国香港化妆品市场，就是因为突出了市场营销组合中的促销策略。该厂在产品进入市场的初级阶段，针对消费者追求青春健美的心理，在广告中突出介绍太湖这个中外闻名的游览胜地，强调太湖淡水珍珠没有污染，且含有多种对皮肤有益的氨基酸及人体所需的矿物质，还附有权威医疗机构的疗效报告，从而增加了产品的可信度和消费者的安全感。此外，该厂还独具匠心地在每瓶珍珠霜里放置一粒太湖珍珠。有些女顾客为了串成一条珍珠项链，不惜资金大量购买。芭蕾珍珠霜很快成为化妆品市场的热门产品，不仅畅销中国，而且远销法国、美国以及其他国家和地区。

六、市场营销组合必须具有竞争性

在同一个市场，生产和销售同类产品的企业往往有很多家，形成了这些厂家相互影响、相互作用、相互竞争的局面。企业的市场营销组合必须有强烈的竞争意识，即制定市场营销组合策略时，要考虑如何参与竞争，并在竞争中取得优势。为此，企业要了解竞争对手制定组合策略的能力，其市场营销组合体系的运行水平、效率和效益。企业市场营销组合体系的运行水平与效率越高，完成预期市场目标的可能性就越大，反之亦然。因此，采取有效措施，提高本企业的市场营销组合的运行能力与效率，是企业增强其竞争力的必要途径之一。

七、市场营销组合独具企业特有的营销风格

企业及其所依赖的生存发展环境千差万别，时间上不存在两个一模一样的企业。同样，企业的市场营销组合策略也应各具特点。企业可以学习、借鉴其他企业成功的市场营销组合策略，但不可照搬照套、机械地模仿。只有认真详尽地分析本企业内外因素的特殊性，因时、因人、因物、因财制宜，采取不同的营销组合策略，才能形成其特有的营销风格。

总之，市场营销组合理论以系统理论为指导，把影响市场营销效果的各个可以控制的因素组织起来，给企业管理者提供了科学地分析和运用各个营销手段的思路和方法，使企业市场营销的整体效果最优化成为可能。从某种意义上说，市场营销组合各因素的决策和以它们为核心内容的市场营销策略，构成了当代市场学的主要内容。

项目小结

企业要想成功就得有顾客。一家新创办的企业要想争取顾客，必须有自己的特色。可以是你的服务更优、价格更便宜、产品更有特色或地点更便利。如果你的企业构思不比竞争对

手的更好、更有新意，那么要改变自己的想法。你可以修改原有方案或挖掘一个新的构思。

你可能要与提供同样或同类产品的其他现有企业展开竞争。这些企业将是你的竞争对手，你可以从他们那里获得对你有用的信息。

要使企业成功，就要了解你的顾客和竞争对手。获取有关他们的信息称为市场调查，这是需要你在创办企业之前做的一件必不可少的工作。

市场调查是向潜在的顾客和竞争者提问题并取得信息。有了这些信息，你就可以围绕产品、价格、地点、促销等四大市场营销要素制订市场营销计划了。

你必须做销售预测，这是创业计划的一部分，也是最困难和最重要的一部分。销售带来利润，没有强有力的销售就没有利润。预测销售是一件不容易但又必须做好的事情。

项目过程考核

评估你的潜在市场

根据你对创业项目的前期调研，填写下表并综合评估你的潜在市场。

目标顾客描述：
_____
_____
_____

市场容量或本企业预测市场占有率：
_____
_____
_____

市场容量的变化趋势：
_____
_____
_____

竞争对手的主要趋势：

1. _____

2. _____

3. _____

4. _____

5. _____

竞争对手的主要劣势：

1. _____

2. _____

3. _____

4. _____

5. _____

本企业相对于竞争对手的主要趋势：

1. _____

2. _____

3. _____

4. _____

5. _____

本企业相对于竞争对手的主要劣势：

1. _____

2. _____

3. _____

4. _____

5. _____

1. 产品

产品或服务	主要特征

2. 价格

产品或服务	成本价	销售价	竞争对手的价格

折价销售	
赊账销售	

3. 地点

（1）选址细节：

地址	面积/平方米	租金或建筑成本

（2）选择该地址的主要原因：
_____
_____
_____

（3）销售方式（选择一项并打"√"）：
将把产品或服务销售提供给： □最终消费者　□零售商　□批发商

（4）选择该销售方式的原因：
_____
_____
_____

4. 促销

人员促销		成本预测	
广告宣传		成本预测	
公共关系		成本预测	
营业推广		成本预测	

组建创业团队

知识目标

- 了解创业团队所需成员结构
- 理解小企业人员组织匹配原理
- 理解选择和管理员工的重要性

能力目标

- 能组建创业核心团队
- 能制定员工岗位职责

关键概念

团队　创业团队　团队互补　员工招聘　员工定岗

任务1　组建创业核心团队

任务导入

赵晨和顾宇的创业故事（十三）：我们的创业团队向太阳

　　正如某部电影中所说，21世纪最贵的就是人才。赵晨和顾宇明白，他们的企业发展壮大的最根本动力是人才。目前来说，在有能力雇用别人做工和管理之前，企业的员工就是他们两个。虽然两人志同道合，但中国的俗语"一山容不得二虎"也现实地说明创业初期可能还允许多头决策，随着企业步入轨道，一个团队的核心人物确立是企业发展重要的保障。赵晨和顾宇听过很多类似团队瓦解的案例，他们未雨绸缪，就企业的管理分工坐下来商量，聊聊各自的长处，适合做什么工作。经过认真分析，他们认为自己各有特长。赵晨见多识

图 4-1 赵晨团队分工

广,有主意,适合负责产品的设计、生产管理、工艺技术和企业计划。顾宇心细,善于言辞,适合管账、采购和销售。他们最后达成共识,赵晨可以当经理,但在大事上,他们俩将共同商量决定。

选定了企业的领导,赵晨和顾宇觉得在生产方面还要聘请一位技术见长的生产管理者,赵晨推荐他母亲,做过几年裁缝师傅,把家里的事务管理得井井有条。这样,一个以赵晨为核心,顾宇和赵晨母亲为两翼的创业核心团队建立。按赵晨的话说,我们的创业团队像太阳,一定会创造辉煌!

任务布置

任务1:判断选赵晨为创业核心人物的正确性。
任务2:分析赵晨的创业核心团队的优缺点。
任务3:列举生活中成功创业团队的组织构架。

相关知识

一、创业团队

团队是由少数具有互补技能的人组成的,认同于一个共同目标和一个能使他们彼此担负责任的程序,并相处愉快,乐于一起工作,共同为达成高品质的结果而努力的共同体。团队就是合理利用每一个成员的知识和技能协同工作,解决问题,达到共同的目标的共同体。

创业团队,就是由少数具有互补技能的创业者组成,他们为了实现共同的创业目标和一个能使他们彼此担负责任的程序,共同为达成高品质的结果而努力的共同体。

二、创业团队组成要素

1. 目标

创业团队应该有一个既定的共同目标,为团队成员指明方向,知道发展的方向,没有目标这个团队就没有存在的价值。目标在创业企业的管理中以创业企业的远景、战略的形式体现。

2. 人

人是构成创业团队最核心的力量。三个及三个以上的人就形成一个群体,当群体有共同奋斗的目标就形成了团队。在一个创业团队中,人力资源是所有创业资源中最活跃、最重要的资源。应充分调动创业者的各种资源和能力,将人力资源进一步转化为人力资本。

目标是通过人员来实现的,所以人员的选择是创业团队中非常重要的一个部分。在一个团队中可能需要有人出主意,有人定计划,有人实施,有人协调不同的人一起去工作,还有人去监督创业团队工作的进展,评价创业团队最终的贡献,不同的人通过分工来共同完成创业团队的目标。在人员选择方面要考虑人员的能力如何,技能是否互补,人员的经验如何。

后面会专门讨论创业团队的互补，不同角色对团队的贡献。

3. 创业团队的定位

创业团队的定位包含两层意思：

（1）创业团队的定位。创业团队在企业中处于什么位置，由谁选择和决定团队的成员，创业团队最终应对谁负责，创业团队采取什么方式激励下属。

（2）个体（创业者）的定位。作为成员在创业团队中扮演什么角色，是制订计划还是具体实施或评估，是大家共同出资，委派某个人参与管理；还是大家共同出资，共同参与管理；或是共同出资，聘请第三方（职业经理人）管理。这体现在创业实体的组织形式上，是合伙企业或是公司制企业。

4. 权限

创业团队当中领导人的权力大小与其团队的发展阶段和创业实体所在行业相关。一般来说，创业团队越成熟领导者所拥有的权力相应越小，在创业团队发展的初期阶段领导权相对比较集中。高科技创业团队多数是实行民主的管理方式。

5. 计划

目标最终的实现需要一系列具体的行动方案，可以把计划理解成达到目标的具体工作程序。按计划进行可以保证创业团队的工作顺利开展。只有在计划的操作下，创业团队才会一步一步地接近目标，从而最终实现目标。

三、创业团队的类型

从不同的角度、层次和结构，可以划分为不同类型的创业团队，而依据创业团队的组成者来划分，创业团队有星状创业团队、网状创业团队和从网状创业团队中演化而来的虚拟星状创业团队。

1. 星状创业团队

星状创业团队一般在团队中有一个核心人物，充当了领队的角色。这种团队在形成之前，一般是核心人物有了创业的想法，然后根据自己的设想进行创业团队的组织。因此，在团队形成之前，核心人物已经就团队组成进行过仔细地思考，根据自己的想法选择相应的人员加入团队，这些加入创业团队的成员也许是核心人物以前熟悉的人，也有可能是不熟悉的人，但这些团队成员在企业中更多时候是支持者角色。

这种创业团队有四个明显的特点：

（1）组织结构紧密，向心力强，核心人物在组织中的行为对其他个体影响巨大。

（2）决策程序相对简单，组织效率较高。

（3）容易形成权力过分集中的局面，从而加大决策失误的风险。

（4）当其他团队成员和核心人物发生冲突时，因为核心人物的特殊权威，使其他团队成员在冲突发生时往往处于被动地位，在冲突较严重时，其一般都会选择离开团队，因而对组织的影响较大。

2. 网状创业团队

网状创业团队的成员一般在创业之前都有密切的关系，比如同学、亲友、同事、朋友等。一般都是在交往过程中，共同认可某一创业想法，并就创业达成了共识以后，开始共同进行创业。在创业团队组成时，没有明确的核心人物，大家根据各自的特点进行自发的组织角色定位。因此，在企业初创时期，各位成员基本上扮演的是协作者或者伙伴角色。

这种创业团队有以下四个明显的特点：

（1）团队没有明显的核心，整体结构较为松散。

（2）组织决策时，一般采取集体决策的方式，通过大量的沟通和讨论达成一致意见，因此组织的决策效率相对较低。

（3）由于团队成员在团队中的地位相似，因此容易在组织中形成多头领导的局面。

（4）当团队成员之间发生冲突时，一般都采取平等协商、积极解决的态度消除冲突，团队成员不会轻易离开。但是一旦团队成员间的冲突升级，使某些团队成员撤出团队，就容易导致整个团队的涣散。

3. 虚拟星状创业团队

虚拟星状创业团队是由网状创业团队演化而来，基本上是前两种的中间形态。在团队中，有一个核心成员，但是该核心成员地位的确立是团队成员协商的结果，因此核心成员从某种意义上说是整个团队的代言人，而不是主导型人物，其在团队中的行为必须充分考虑其他团队成员的意见，不如星状创业团队中的核心人物那样有权威。

四、创业团队的互补

创业团队的互补是指由于创业者知识、能力、心理等特征和教育、家庭环境方面的差异，对创业活动产生的不利影响，通过组建创业团队来发挥各个创业者的优势，弥补彼此的不足，从而形成一个知识、能力、性格、人际关系资源等全面具备的优秀创业团队。

1. 创业团队互补的意义

从人力资源管理的角度来看，建立优势互补的创业团队是保持创业团队稳定的关键。研究表明，大多数创业团队组成时，并不是考虑到成员专业能力的多样性，大多是因为有相同的技术能力或兴趣，至于管理、营销、财务等能力则较为缺乏。因此，要使创业团队能够发挥其最大的能量，在创建一个团队的时候，不仅仅要考虑相互之间的关系，最重要的是要考虑成员之间的能力或技术上的互补性，包括功能性专长、管理风格、决策风格、经验、性格、个性、能力、技术以及未来的价值分配模式等特点的互补，以此来达到团队的平衡。

创业团队是由很多成员组成的，那么这些成员在团队里究竟扮演什么角色，对团队完成既定的任务起什么作用，团队缺少什么样的角色，候选人擅长什么，欠缺什么，什么样的人与团队现有成员的个人能力和经验是互补的，这些都是必须首先界定清楚的。这样，就可以利用角色理论挑选和配置成员，所挑选出的成员才能做到优势互补，用人之长。因为创业的成功不仅是自身资源的合理配置，更是各种资源调动、聚集、整合的过程。

2. 不同角色对团队的贡献

不同角色在团队中发挥着不同作用，因此，团队中不能缺少任何角色。一个创业团队要想紧密团结在一起，共同奋斗，努力实现团队的愿景和目标，各种角色的人才都不能或缺。

（1）创新者提出观点。没有创新者，思维就会受到局限，点子就会匮乏。创新是创业团队生产、发展的源泉。企业不仅开发要创新，管理也要创新。

（2）实干者运筹计划。没有实干者的团队会显得比较乱，因为实干者的计划性很强。

"千里之行,始于足下",有了好的创意还需要靠实际行动去实施。而且实干者在企业人力资源中应该占较大的比例,他们是企业发展的基石。没有执行就没有竞争力。只有通过实干者的踏实努力地工作,美好的愿景才会变成现实,团队的目标才能实现。

(3) 凝聚者润滑调节各种关系。没有凝聚者的团队其人际关系会比较紧张,冲突的情形会更多一些,团队目标的完成将受到很大的冲击,团队的寿命也将缩短。

(4) 信息者提供支持的武器。没有信息者的团队会比较封闭,因为不知道外界发生了什么事。当今社会,信息是企业发展必备的重要资源之一。世界是开放的系统,创业团队要在社会中生存和发展,没有外界的信息交流,企业就成了一个自给自足的封闭小团体。而且,当代创业团队的成功更需要正确的及时的信息。

(5) 协调者协调各方利益和关系。没有协调者的团队其领导力会削弱,因为协调者除了要有权力性的领导力以外,更要有一种个性的号召力来帮助领导者树立个人影响力。从某个角度说管理就是协调。各种背景的创业者聚集在一起,经常会出现各种分歧和争执,这就需要协调者来调节。

(6) 推进者促进决策的实施,没有推进者效率就不高。推进者是创业团队进一步发展的"助推器"。

(7) 监督者监督决策实施的过程。没有监督者的团队会大起大落,做得好就大起,做得不好也没有人去挑刺,这样就会大落。监督者是创业团队健康成长的鞭策者。

(8) 完美者注重细节,强调高标准。没有完美者的团队其线条会显得比较粗,因为完美者更注重的是品质、标准。但在创业初期,不能过于追求完美;在企业的逐渐成长过程中,完美者要迅速地发挥作用,填补企业中的缺陷,为做大做强企业打下坚实的基础。现代管理界提出的"细节决定成功"观点,进一步说明完美者在企业管理和发展中的重要作用。

(9) 专家则为团队提供一些指导。没有专家企业的业务就无法向纵深方向发展,企业的发展也将受到限制。

在了解了不同的角色对于团队的贡献以及各种角色的配合关系后,就可以有针对性地选择合适的人才,通过不同角色的组合来达到团队的完整。并且由于团队中的每个角色都是优点和缺点相伴相生,领导者要学会用人之长、容人之短,充分尊重角色差异,发挥成员的个性特征,找到与角色特征相契合的工作,使整个团队和谐,达到优势互补。优势互补是团队组建的根基。

团队竞争是创业企业赖以战胜大企业的主要法宝。大企业可以聘用非常好的职业经理人,而在创业之初创业企业则只能通过团队精神在人力资源上超过大企业。所以,寻找到好的优势互补的合作伙伴,是创业成功一半的保证。当代社会,社会分工越来越细,最专业的事就要交给最专业的人去做,胜算才会更大;也只有优势互补的团队才能充分发挥其组合潜能,也肯定优于个人创业的单打独斗。

在一个创业团队中,成员的知识结构越合理,创业的成功性越大。纯粹的技术人员组成的公司容易形成以技术为主、产品为导向的情况,从而使产品的研发与市场脱节;全部由市场和销售人员组成的创业团队缺乏对技术的领悟力和敏感性,也容易迷失方向。因此,在创业团队的成员选择上,必须充分注意人员的知识结构——技术、管理、市场、销售等,充分发挥个人的知识和经验优势。

能力训练

画出西游记团队组织结构图

"团队管理"这一名词是随着工商管理的概念进入中国的,但实际上最早阐述团队理念的是中国,那就是我们早已熟知的《西游记》。这部书的本身就讲述了一个团队合作的深刻案例,但国人本身没有去深刻挖掘,倒是"洋鬼子"们花了大量的工夫去研究,据说很多国外的学者、企业家从这部书里得到了团队管理的真谛,而且更有甚者,一位英国学者在读此书的时候,读到这样一个情节:孙行者揪下猴毛,霎时一吹,突然惊现一群小猴,这位英国学者大叹,"中国人真的是太聪明了,那个时候他们就有了'克隆'观念,而且是用猴毛基因。"我想在我们为古代文化自豪的同时,我们就现代管理来谈谈企业中的西游记案例。

《西游记》中的师徒四人组织成一个团队,而现代管理中的团队概念认为团队就是4个人或4~25人构成,看来我们的祖先已经认识到这一点,只是没有总结。那我们来分析一下他们的组织架构:首先肯定他们是一个成功的团队!

唐僧是这个团队的最高领导,是决策层,在企业里面就好像是总经理等高层的管理人员,运用自己的强硬管理方式和制度(紧箍咒)来管理团队,并且通过"软权力"和"硬权力"的结合来调动整个团队,从根本上讲,三个徒弟很服从他,佩服他的学识(软权力),因为唐僧是当时名噪一时的佛学家,而且是个翻译,按现在衡量高层管理人员的标准,他是同声传译员而且是个工商管理硕士(如来佛主颁的),德高望重,绝对是个优秀的管理者,他领导团队去西天取经,并获得成功。

孙行者应该是这个团队中的职业经理人,具体一点就是部门经理,他本领高强,到哪里都能混口饭吃,而且此人社会关系和社会资源极其丰富,性格本身就是有点"猴急",从个人素质上来说是非常优秀的,对于总经理(唐僧)布置的任务通常都能高效率地完成,而且处处留下美名,颇有跨国公司职业经理人的风范,当然他不是完美的化身,但是我想所有的主管、经理应该向他看齐,因为他是优秀的。

八戒虽然不太受人喜欢,但是作为组织中的小人物,他本人还是有很多优点,而且许多方面还在团队中起了不小的作用,比如调节矛盾,运用公共关系的方法来协调众人之间的关系,这都是他对组织的贡献。他本人幽默、可爱,充当着组织润滑剂的角色,所以在组织中功不可没,没有八戒的团队是残缺的,而且也是不完美的。组织中的侧重沟通、协调关系的角色都类似于他,是极其重要的。用一句话来概括:八戒是公司中跨部门沟通的典范!

沙僧自不必说,他朴实无华,工作踏实,从企业的角度讲,他是"广大劳动者",兢兢业业,是劳动的模范。他虽然没有职业经理人的风光与协调关系者的公关本领,但是他所做的工作却是最基础的,我个人认为,每一个人都应该学习他,主动挑起自己的责任,努力工作,为团队和组织做出自己的工作。

白龙马更是一个默默无闻的劳动者身份,任劳任怨,主要工作就是唐僧的司机兼座驾,偶尔在关键时刻挺身而出表现一下。

项目四 组建创业团队 75

图4-2 西游记神仙团队再次证明中国人的智慧很早就世界领先了

根据上述信息，设计出西游记团队的组织结构图。

任务2　制定员工岗位职责

任务导入

赵晨和顾宇的创业故事（十四）：如何定员工岗位职责？

赵晨曾提醒过他们要及早制定岗位工作职责。开始时企业虽然只有他和顾宇两人，但分工明确，可以避免重复和遗漏。有了它，对于将来定岗位、定雇员、定职务、定工资以及监督考核都会有参考作用。所以他们就列了一张简单的表，如表4-1所示：

岗位	人员	工作说明	技能与素质
经理	赵晨	……	……
财务	顾宇	……	……
销售管理	顾宇	……	……
生产管理	赵晨	……	……
产品设计和开发	赵晨	……	……
生产工人	赵晨母亲	……	……

图4-3 确定人员职责

表 4-1　确定人员职责

岗位	工作说明	所需素质或技能	谁的任务	
			第一阶段	下一阶段
经理	做计划、制定目标、监督实施、协调内部关系、与工商税务等单位打交道	有主见、认真、果断、善于应变、容易交往	赵晨	赵晨
财务	出纳、收款、记账、管理现金、盘点库存	认真踏实、有条理、诚实	顾宇	顾宇或雇工
销售管理	市场调查、与顾客建立和保持良好的关系、接订单、销售预测、制定价格、提出促销方案、发货送货、采购原料	认真、思路敏捷、有朝气、善于与人交往、有谈判能力、守信用	顾宇	顾宇
生产管理	组织生产、监督生产、控制质量、管理工具设备和技术资料、维修工具设备、制订生产计划	认真、了解产品、懂技术、动手能力强、善于和工人相处、善于处理矛盾解决问题	赵晨	赵晨母亲
产品设计开发	跟踪市场需求动态、收集样品、设计制作样品	有美术和文化素养、有创造性、多面手、懂工艺	赵晨	赵晨或专业人士
生产工人	下料、绣花、缝纫、组装、检验、包装	有责任心、勤快、能吃苦、手巧	赵晨母亲	雇工

任务布置

任务 1：评价赵晨和顾宇制定的员工岗位职责是否清晰。
任务 2：设计员工招聘的基本程序。
任务 3：设计员工岗位职责制定的基本程序。

相关知识

一、招聘程序

招聘新员工对应聘者和创业者来说都相当重要。它既可能是一种互利关系的开始，也可能是一系列错误的开端。

影响员工流转的两个主要因素是招聘和选择程序。为了减少员工流失，创业者有必要发布招聘广告、处理应聘者的申请材料、进行面试、选择新员工并为他们配置工作。

1. 潜在的员工来源

（1）企业内部提拔。

（2）招聘广告。

（3）就业中介。

（4）教育机构。

（5）以前的员工推荐。

（6）在职员工推荐。

招聘的流程

2. 选择员工的程序

（1）接受申请资料。

（2）面试。

（3）核实应聘者的相关信息。

（4）应聘者的技能测试。

二、定岗程序

按照惯例，新员工到来的第一天应该带他们参观企业。在这期间，应该把新员工介绍给在职的其他员工，让员工了解企业的整体运行情况，明确地要求新员工适应企业的经营环境并融入企业当中。这项工作并不需要花很多精力，却十分有用。从长远来看，这项工作省时省钱。

最重要的是，要让新员工从进入企业的第一天开始就能找到自己的恰当位置。正确定岗非常有助于提高员工的工作效率，并且有助于长期留住优秀员工。

1. 员工定岗的四个基本原则

（1）定人：确定需要定岗的员工。

（2）定事：明确必须完成的工作任务。

（3）试用：让员工在监督下进行尝试。

（4）转正：让合格者继续工作下去。

2. 给新员工定岗准备工作的六个要素

（1）落实工作：让新员工了解他们所要从事的工作。

（2）进行监督：让在职员工对新员工进行辅导和监督。

（3）设计障碍：设计简单工作障碍。

（4）确定时间：制定新员工培训时间表。

（5）规定范围：规定工作范围。

（6）绩效评估：每天对新员工工作绩效进行评估。

三、员工的考虑

1. 薪酬计划

对员工来说，工资是决定他们工作的一个重要因素。他们希望所得报酬能够反映出他们贡献给企业的各种技能以及所付出的辛勤劳动。如果创业者想要吸引并留住优秀员工，那么，他们就必须认真考虑在别的企业从事相同工作的员工报酬如何。

2. 额外福利

在所有额外福利中，病休和假期是员工们最为看重的。创业者应该设计一整套包括各种额外福利的方案。

3. 人际关系

高工资报酬和优厚的福利待遇并不一定能够使员工感到快乐，工作满意对他们来说更加重要。创业者有责任为员工提供最好的工作环境，并且要确保员工与企业之间总是能够畅通无阻地进行双向交流。

4. 工作条件

良好的工作条件与员工的健康、舒适和安全一样都应该是创业者真正关心的事情。一个好的工作环境不仅可以防止发生意外事故，而且非常有助于提高员工的工作效率。工作场所必须通风良好、冷热适度、光照充足，还必须配备卫生设备和安全设施。在任何一家企业的健康和安全计划中，急救药箱和急救电话号码都是必不可少的。

能力训练

设计你的企业员工工作岗位

填表说明：
1. 看看下表第一栏中列出的工作种类，这些是所有企业通常必须做的工作。
2. 在这一栏中加上你的企业生产产品或提供服务所必须做的其他工作。
3. 对所有这些工作，你要确定你是否有时间和必需的技能经验去完成在第二栏填写的那些工作。
4. 如果你没有时间或技能，就应该雇人来完成这些工作。

工作内容	完成这项工作需要的技能、经验和其他要求	你（业主）有没有时间和技能、经验做这项工作		需要的雇员数	预期的雇员工资额
		有	没有		
办公室综合管理					
记账算账					
市场营销和促销					
企业成本管理					
制定价格					
购买产品、原材料、服务等					
监督生产					
其他工作（详细说明）					

拓展阅读

一、岗位职责的含义

（1）岗位。岗位是组织为完成某项任务而确立的，由工种、职务、职称和等级内容组成。

（2）职责。职责是职务与责任的统一，由授权范围和相应的责任两部分组成。

二、确定岗位及职责

（1）根据工作任务的需要确立工作岗位名称及其数量。
（2）根据岗位工种确定岗位职务范围。
（3）根据工种性质确定岗位使用的设备、工具、工作质量和效率。
（4）明确岗位环境和确定岗位任职资格。
（5）确定各个岗位之间的相互关系。
（6）根据岗位的性质明确实现岗位目标的责任。

三、实行岗位职责管理的作用和意义

（1）可以最大限度地实现劳动用工的科学配置。
（2）可以有效地防止因职务重叠而发生的工作扯皮现象。
（3）提高内部竞争活力，更好地发现和使用人才。
（4）是组织考核的依据。
（5）提高工作效率和工作质量。
（6）规范操作行为。
（7）减少违章行为和违章事故的发生。

四、岗位职责范本

确定员工责任需要有明确的岗位职责规定。岗位职责说明书并不是要面面俱到，而是对岗位职责进行合理有效地分工，促使有关人员明确自己的岗位职责，认真履行岗位职责，出色完成岗位职责任务。一份完整的岗位职责应该包括以下内容：

（1）部门名称。
（2）直接上级。
（3）下属部门。
（4）部门性质。
（5）管理权限。
（6）管理职能。
（7）主要职责。

举例：人事部岗位职责

部门名称：人事部。

直接上级：分管副总经理。

下属部门：人事科、劳动工资科。

部门性质：人力资源开发、利用的专业管理部门。

管理权限：受分管副总经理委托，行使对公司人事、劳动工资管理权限，并承担执行公司规章制度、管理规程及工作指令的义务。

管理职能：负责对公司人事工作全过程中的各个环节实行管理、监督、协调、培训、考核评比的专职管理部门，对所承担的工作负责。

主要职责：

（1）坚决服从分管副总经理的统一指挥，认真执行其工作指令，一切管理行为向主管领导负责。

（2）严格执行公司规章制度，认真履行其工作职责。

（3）负责组织对人力资源发展、劳动用工、劳动力利用程度指标计划的拟订、检查、修订及执行。

（4）负责制定公司人事管理制度。设计人事管理工作程序，研究、分析并提出改进工作意见和建议。

（5）负责对本部门工作目标的拟订、执行及控制。

（6）负责合理配置劳动岗位控制劳动力总量。组织劳动定额编制，做好公司各部门、车间及有关岗位定员定编工作，结合生产实际，合理控制劳动力总量及工资总额，及时组织定额的控制、分析、修订、补充，确保劳动定额的合理性和准确性，杜绝劳动力的浪费。

（7）负责人事考核、考察工作。建立人事档案资料库，规范人才培养、考察、选拔工作程序，组织定期或不定期的人事考证、考核、考察和选拔工作。

（8）编制年、季、月度劳动力平衡计划和工资计划。抓好劳动力的合理流动和安排。

（9）制定劳动人事统计工作制度。建立健全人事劳资统计核算标准，定期编制劳资人事等有关的统计报表；定期编写上报年、季、月度劳资、人事综合或专题统计报告。

（10）负责做好公司员工劳动纪律管理工作。定期或不定期抽查公司劳动纪律执行情况，及时考核，负责办理考勤、奖惩、差假、调动等管理工作。

（11）严格遵守《劳动法》及地方政府劳动用工政策和公司劳动管理制度，负责招聘、录用、辞退工作，组织签订劳动合同，依法对员工实施管理。

（12）负责核定各岗位工资标准。做好劳动工资统计工作，负责对日常工资、加班工资的报批和审核工作，办理考勤、奖惩、差假、调动等工作。

（13）负责对员工劳动保护用品定额和计划管理工作。

（14）配合有关部门做好安全教育工作。参与职工伤亡事故的调查处理，提出处理意见。

（15）负责编制培训大纲，抓好员工培训工作。在抓员工基础普及教育的同时，逐步推行岗前培训与技能、业务的专业知识培训，专业技术知识与综合管理知识相结合的交替教育提高培训模式及体系。

（16）认真做好公司领导交办的其他工作任务。

五、制定岗位职责的原则

第一，要让员工自己真正明白岗位的工作性质。岗位工作的压力不是来自他人的压力，而是此岗位上的工作人员发自内心自觉自愿的产生，从而转变为主动工作的动力。因而要推动此岗位员工参与设定岗位目标，并努力激励他实现这个目标。因此，此岗位的目标设定、准备实施、实施后的评定工作都必须由此岗位员工承担，让岗位员工认识到这个岗位中所发生的任何问题，都应由自己着手解决，他的上司仅仅只是起辅助他的作用，他的岗位工作是为他自己做的，而不是为他上司或者老板做的，这个岗位是他个人展现能力和人生价值的舞台。在这个岗位上各阶段工作的执行，应该由岗位上的员工主动发挥创造力，靠他自我努力和自我协调的能力去完成。员工必须在本职岗位的工作中主动发挥自我解决、自我判断、独立解决问题的能力，以求工作成果的绩效实现最大化。因此，企业应激励各岗位工作人员除了主动承担自己必须履行的本职工作外，也应主动参加自我决策和对工作完成状况的自我评价。

第二，企业在制定岗位职责时，要考虑尽可能一个岗位包含多项工作内容，以便发挥岗位上的员工由于长期从事单一型工作而被埋没了的个人的其他才能。丰富的岗位职责的内容，可以促使一个多面手的员工充分地发挥各种技能，也会收到激励员工主动积极工作的效果。

第三，在企业人力资源许可情况下，可在有些岗位职责里设定针对在固定期间内出色完成既定任务之后，可以获得转换到其他岗位的工作的权利。通过工作岗位转换，丰富企业员工整体的知识领域和操作技能，同时也营造企业各岗位员工之间和谐融洽的企业文化氛围。

六、岗位职责的构建方法

1. 确定职位目的

根据组织的战略目标和部门的职能定位，确定职位目的。职位（设置）目的，说明设立该职位的总体目标，即要精练地描述本岗位为什么存在，它对组织的特殊（或者是独一无二）贡献是什么。员工应当能够通过阅读职位目的而辨析此工作与其他工作目标的不同。

职位目的一般编写的格式为：工作依据+工作内容（职位的核心职责）+工作成果。举例来说，某公司计划财务部经理的职位总体目的可表述为：在国家相关政策和公司工作计划的指导下，组织制订公司财务政策计划和方案，带领部门员工，对各部门提供包括成本、销售、预算、税收等全面财务服务，实施财务职能对公司业务经营的有效支持作用。

2. 确定职责目标

确定职责目标，即确定该职位在该关键成果领域中必须取得的成果。因为职责的描述是要说明工作持有人所负有的职责以及工作所要求的最终结果，因此，从成果导向出发，应该明确关键成果领域要达成的目标，并确保每项目标不能偏离职位的整体目标。

3. 确定工作职责

如上所述，通过确定职责目标表达了该职位职责的最终结果。本步骤就是要在此基础上来确定任职者到底要进行什么样的活动，承担什么样的职责，才能达成这些目标。

因为每一项职责都是业务流程落实到职位的一项或几项活动（任务），所以该职位在每项职责中承担的责任应根据流程而确定，也就是说，确定应负的职责项就是确定该职位在流程中所扮演的角色。

在确定责任时，职位责任点应根据信息的流入、流出确定。信息传至该职位，表示流程责任转移至该职位；经此职位加工后，信息传出，表示责任传至流程中的下一个职位。该原理体现了"基于流程""明确责任"的特点。

以某公司的招聘工作为例，员工招聘的工作流程可以分为四个环节：

（1）招聘计划的制订、审核与审批。

（2）招聘费用的预算、审核与审批。

（3）招聘工作的实施。其中一般人员的招聘，人力资源部与主管部门负责人参加；关键员工的招聘，高层管理人员、人力资源部和主管部门负责人参加。

（4）招聘工作的反馈与检查。

在招聘计划过程中：人力资源部招聘专员制订招聘计划，然后上报人力资源部经理审核，这样招聘专员制订招聘计划的职责就算完成；计划的审核职责归属人力资源部经理，如果审核没问题，就报人力资源总监批准；下面审批计划的责任就转移到人力资源总监的职责上来。审批完成后，进入招聘流程的下一个环节。

可以看出，基于流程的职责分析，明确界定了每项职责中职位应该扮演什么样的角色以及拥有什么样的权限。要想明晰地表达出职位在各项职责中扮演的角色及权限，在职责描述时就要准确规范地使用动词，就像上例中的"制定""审核"和"审批"等。

4. 进行职责描述

前面讲到了，职责描述是要说明工作持有人所负有的职责以及工作所要求的最终结果。因此，通过以上两个步骤明确了职责目标和主要职责后，就可以将两部分结合起来，对职责进行描述了，即：职责描述=做什么+工作结果。

项目小结

小企业的人员组成有合伙人、员工、顾问和你自己，这些人都将影响企业的成败。你要管好企业，就要慎重地选择人员，要明白他们各自的角色和岗位。

一个有效率的企业要组织得严谨，让所有员工知道自己必须做什么，以及完成任务所需要的技能。认真搞清你所需要的人员，为全体职工建立岗位责任制，你的企业管理起来就会容易得多。

项目过程考核

请设计出你即将创办的企业员工岗位职责和组织结构

企业组织：

职员岗位要求：

岗位	任务、职责和资质
1. _____	_____
2. _____	_____
3. _____	_____

4. _____ _____
5. _____ _____

组织结构图：

```
┌─────────────────────────────────────────────────────────┐
│                                                         │
│                                                         │
│                                                         │
│                                                         │
└─────────────────────────────────────────────────────────┘
```

项目五

选择企业组织形式

知识目标

- 了解企业不同的组织形式
- 熟悉各种企业组织形式的特点
- 熟悉企业组织形式选择原则

能力目标

- 能比较各类企业组织形式的优缺点
- 能选择适合创业项目的企业组织形式

关键概念

企业组织形式　特点　优缺点

任务1　比较各类企业组织形式的特点

任务导入

赵晨和顾宇的创业故事（十五）：了解企业组织形式

赵晨和顾宇在确定了企业员工的职责后，认为企业可以进入正式运作阶段了。一次，赵晨在街上碰到高中同学李强。李强毕业于某校工商企业管理专业，得知赵晨打算创业，很感兴趣，在闲聊中便谈到了赵晨创办的企业采用何种企业组织形式。赵晨愣了，企业不就是企业吗，哪还有什么组织形式？经过李强的介绍，赵晨才明白，原来由于股东人数的不同、融资难度的大小、利润分配形式的不同，企业组织形式可以分成好几种，主要包括个体户、个人独资企业、合伙企业和公司等。

任务布置

任务1：分析这四种企业组织形式有何区别。
任务2：认识选择正确的企业组织的重要性。

图5-1 企业组织形式类别

相关知识

一、自然人与法人的区别

自然人是基于自然规律出生、生存的人，具有一国国籍的自然人称为该国的公民。所谓法人，是具有民事权利能力和民事行为能力，依法独立享有民事权利和承担民事义务的组织。简言之，法人是具有民事权利主体资格的社会组织。因此法人作为民事法律关系的主体，是与自然人相对应的。

两者相比较有不同的特点：

第一，法人是社会组织在法律上的人格化，是法律意义上的"人"，而不是实实在在的生命体，其依法产生和消亡。自然人的生老病死依自然规律进行，具有自然属性，而法人不具有这一属性。

第二，虽然法人、自然人都是民事主体，但法人是集合的民事主体，即法人是一些自然人的集合体。对比之下，自然人则是以个人本身作为民事主体的。

第三，法人的民事权利能力，民事行为能力与自然人也有所不同。根据《民法通则》第37条规定，法人必须同时具备四个条件，缺一不可，包括：依法成立，有必要的财产和经费，有自己的名称、组织机构和场所以及能够独立承担民事责任。

二、企业组织形式

企业组织形式，指企业依据财产组织形式和法律责任，所采用的企业法律形式。在现代高度发达的市场经济条件下，企业的组织形式日益多样化，主要包括个体工商户、个人独资企业、合伙企业、有限责任公司、股份有限公司、中外合资企业、中外合作企业等形式。一般而言，小企业最常见的组织形式包括个体工商户、个人独资企业、合伙企业和有限责任公司。

1. 个体工商户

个体工商户指在法律允许的范围之内，依法经核准登记，从事工商业经营的自然人。

2. 个人独资企业

个人独资企业指依法设立，由一个自然人投资，财产为投资者个人所有，投资人以其个人财产对企业债务承担无限责任的经营实体。

设立个人独资企业应具备五个条件：

（1）投资人必须为自然人。法律、行政法规禁止从事营利性活动的人不得作为投资人申请设立个人独资企业。

（2）有合法的企业名称。

（3）有投资人申报的出资。

（4）有固定的生产经营场所和必要的生产经营条件。

（5）有必要的从业人员。

3. 合伙企业

合伙企业指两人以上书面协议共同投资、共同经营、共负盈亏，合伙人对企业债务负连带无限责任的企业。

设立合伙企业应具备五个条件：

（1）有两个以上的合伙人，且都是依法承担无限责任者。法律、法规禁止从事营利活动的人不得成为合伙企业的合伙人，如公务员、事业单位干部职工等。

（2）有书面的合伙协议。合伙协议是合伙成立的依据，也是合伙人权利和义务的依据，必须以书面形式订立，且经过全体合伙人签名、盖章方能生效。

（3）有各合伙人实际缴付的出资。合伙人可以用货币、实物、土地使用权、知识产权或者其他财产权利出资。对货币以外的出资需要评估作价的，可以由全体合伙人协商确定，也可以由全体合伙人委托法定评估机构进行评估。经全体合伙人协商一致，合伙人也可以用劳务出资，其评估办法由全体合伙人协商确定。

（4）有合伙企业的名称。

（5）有经营场所和从事合伙经营的必要条件。

4. 公司

公司指依照《公司法》规定设立的有限责任公司和股份有限公司。公司是企业法人，有独立的法人财产，享有法人财产权，公司以其全部资产对公司的债务承担责任。

有限责任公司，是指股东以其认缴的出资额为限对公司承担责任。2006年1月1日正式实施的《公司法》中特别规定了一人有限责任公司。所谓一人有限责任公司，指只有一个自然人股东或者一个法人股东的有限责任公司。一人有限责任公司的注册资本最低限额为人民币10万元，股东应当一次足额缴纳公司章程规定的出资额。

股份有限公司，将全部资本分为等额股份，股东仅就所认购的股份为限，对公司的债务负清偿责任。股份有限公司的设立可以采取发起设立或者募集设立两种方式。所谓发起设立，指由发起人认购公司应发行的全部股份而设立公司；所谓募集设立，指由发起人认购公司应发行股份的一部分，其余股份向社会公开募集或者向特定对象募集而设立公司。

公司股东作为出资者按投入公司的资本额享有所有者的资产收益、重大决策和选择管理者等权利。公司享有由股东投资形成的全部法人财产权，依法享有民事权利，承担民事责任。

设立有限责任公司应具备五个条件：

（1）股东符合法定人数（50个股东以下）。

（2）股东出资达到法定资本最低限额（有限责任公司注册资本的最低限额为人民币3万元）。

（3）股东共同制定公司章程。

（4）有公司名称，建立符合有限责任公司要求的组织机构。

（5）有公司住所。

设立股份有限公司应具备六个条件：

（1）发起人符合法定人数（设立股份有限公司，应当有2人以上200人以下的发起人，其中须有半数以上的发起人在中国境内有住所）。

(2) 发起人认购和募集的股本达到法定资本最低限额。
(3) 股份发行、筹办事项符合法律规定。
(4) 发起人制定公司章程，采用募集方式设立的须经创立大会通过。
(5) 有公司名称和符合股份有限公司要求的组织机构。
(6) 有公司住所。

三、各种企业组织形式比较

各种企业组织形式比较如表 5-1 所示。

表 5-1　各种企业组织形式比较

组织形式	个体工商户	个人独资企业	合伙企业	有限责任公司
法律依据	城乡个体工商户管理暂行条例	个人独资企业法	合伙企业法	公司法
法律基础	无章程或协议	无章程或协议	合伙协议	公司章程
法律地位	自然人	非法人	非法人	企业法人
责任形式	无限责任	无限责任	无限连带责任	有限责任
投资者	完全民事行为能力的自然人，法律法规禁止从事营利性活动的人除外	完全民事行为能力的自然人，法律法规禁止从事营利性活动的人除外	完全民事行为能力的自然人，法律法规禁止从事营利性活动的人除外	无特别要求，法人、自然人皆可
注册资本	无限制	投资者申报	协议约定	最低 3 万元
出资	无限制	投资者申报	约定：货币、实物、土地使用权、知识产权或者其他财产权利	法定：货币、实物、工业产权、非专利技术、土地使用权
出资评估	投资者决定	投资者决定	可协商确定或评估	必须委托评估机构
章程或协议生效条件	无	无	合伙人签章	公司成立
财产权性质	投资者个人所有	投资者个人所有	合伙人共同所有	法人财产权
财产管理使用	投资者	投资者	全体合伙人	公司机构
出资转让	投资者	投资者	合伙人一致同意	股东过半数同意
经营主体	投资者个人或家庭	投资者及其委托人	合伙人共同经营	股东不一定参与经营

续表

组织形式	个体工商户	个人独资企业	合伙企业	有限责任公司
事务决定权	投资者	投资者	全体合伙人或遵从约定	股东会
事务执行	投资者	投资者或其委托人	合伙人权利同等	公司机构、一般股东无权代表
损益分担	投资者	投资者	约定，未约定则均分	投资比例
解散程序	注销	注销	注销	注销并公告
解散后义务	无	5年内承担责任	5年内承担责任	无

能力训练

确定企业组织形式

虞超群毕业于温州某高职院校室内装饰专业，毕业后在温州乐清装饰行业当室内设计师已经3年了，同时对材料采购、工程管理和质量控制也比较熟悉。他认为目前乐清的装饰市场还有很大空间，因此计划自己开一家装饰工程公司。

虞超群仔细分析了他所可能采用的各种企业组织形式的优缺点，认为独资的方式比较好。他喜欢自己做老板。3年的工作让他积累了近8万元存款，还能够从家里借一些，总之，他有足够的资金开一家装饰公司。

他同时觉得合伙企业也不错，一两个合伙人的加入可以使他们有更多的钱开一家更大一些的公司，而且合伙人还能分担一部分工作，毕竟装饰行业需要设计、采购和施工三块内容，一个人的精力十分有限。另一种选择是开个有限责任公司，并出售一部分股份。这样的话，筹到的资金会更多，用不着再操心还银行贷款，也会有钱做些广告。虞超群把这个想法告诉了自己的一些亲戚和朋友，想看看大家是否有兴趣来开一个有限责任公司。结果，部分亲戚和朋友表示了比较感兴趣，但是更多的只能是出钱不出力，因为对装饰行业都不太了解，但可以占公司部分股份。

问题：

1. 如果你是虞超群，你会选择哪种企业组织形式？为什么？

2. 要想做出一个较好的企业组织形式决策,你认为虞超群还需要了解什么信息?

任务 2　选择合适的企业组织形式

任务导入

赵晨和顾宇的创业故事(十六):
选择哪种合适的企业组织形式?

在了解了相关的企业组织形式知识后,一个现实的问题就摆在了赵晨和顾宇的面前,即自己的公司要采用哪种企业组织形式。由于公司本身就是两个人合作创业,个体户和个人独资企业这两种组织形式很自然就被淘汰了,接下来就是从剩下的两种形式中挑选出一种最合适的。他们认为合伙企业可以将两个人更紧密地绑定在一起创业,但融资能力比较受限,同时还需要承担无限责任,而公司企业可以很好地解决上述问题,但存在开办程序复杂,政府和法律法规限制较多,最要紧的还包括缴纳25%的企业所得税。这下赵晨和顾宇陷入了深思,到底该选择哪种组织形式呢?

图 5-2　企业组织形式选择疑惑

任务布置

任务1:如果你是赵晨和顾宇,你会选择哪种企业组织形式?为什么?

任务2:请谈谈企业组织形式对企业发展的影响。

相关知识

一、小企业组织形式选择的原则

一般而言,小企业在选择组织形式时,需要依据以下八个原则:

(1)税收考虑。不同的企业组织形式所适用的税收政策是不同的,而且税收政策对企业的影响是长期重大的,因此应比较不同组织形式的税率和征收方法。

（2）承担责任。有些组织形式能够对企业主及投资人提供一定程度的保护。选择组织形式时要权衡各种形式赋予企业主的法律和经济责任，将责任控制在其愿意承担的范围内。

（3）初创和未来的资本要求。企业主应根据自己的资金情况、融资能力、追加投资的难易度选择组织形式。

（4）可控性。在不同的企业形式下，企业主对企业的控制能力是不一样的，有的权力高度集中而有的就相当分散，企业主要权衡他愿意放弃的控制力和想要获取的他人的帮助。

（5）管理能力。企业主要评估自己的管理能力，如果自己不擅长管理，就应该选择那些能够将多种人才纳入企业内部的组织形式。

（6）商业目标。企业主计划实现的规模和盈利水平与企业组织形式相关，而随着企业的发展，其组织形式总是向着更为复杂、成本更高的方向转变。

（7）延续性和产权变动问题。在建立企业时，企业主也应预想到未来企业所有权转换继承买卖的问题。

（8）组建成本。不同企业形式的设立成本是不同的，设立时的成本收益比也要考虑在内。

二、各种企业组织形式的特点

1. 个体工商户的优点与缺点

个体工商户具有以下优点：

（1）申请手续较简单，仅需向登记机关登记即可。

（2）所需费用少。

（3）经营起来相对更灵活。

个体工商户存在以下缺点：

（1）信用度及知名度比公司低。

（2）无法以个体户营业执照的名义对外签合同。

2. 个人独资企业的优点与缺点

个人独资企业具有以下优点：

（1）企业设立、转让和解散等行为手续非常简便，仅需向登记机关登记。

（2）企业主独资经营，制约因素较少，经营方式灵活，能迅速应对市场变化。

（3）利润归企业主所有，不需要与其他人分享。

（4）在技术和经营方面易于保密，利于保护其在市场中的竞争地位。

（5）若企业主因个人努力而使企业获得成功，则可以满足个人的成就感。

个人独资企业存在以下缺点：

（1）当个人独资企业财产不足以清偿债务时，企业主将依法承担无限责任，必须要以其个人的其他财产予以清偿，因此经营风险较大。

（2）个人独资企业受信用限制不易从外部获得资本，如果企业主资本有限或者经营能力不强，则经营规模难以扩大。

（3）一旦企业主发生意外事故或者犯罪、转业、破产，则个人独资企业也随之不复存在。

3. 合伙企业的优点与缺点

合伙企业具有以下优点：

（1）由于出资人较多，扩大了资本使用来源和企业信用能力。

（2）由于合伙人具有不同的专长和经验，能够发挥团队作用，各尽其才，有利于提高企业的管理能力。

（3）由于资本实力和管理能力的提高，增加了企业扩大经营规模的可能性。

合伙企业存在以下缺点：

（1）在合伙企业存续期，如果某一个合伙人有意向合伙人以外的人转让其在合伙企业中的全部或部分财产时，必须经过其他合伙人的一致同意。

（2）当合伙企业以其财产清偿合伙企业债务时，其不足部分由各合伙人用其在合伙企业出资以外的个人财产承担无限连带清偿责任。

（3）尽管合伙企业的资本来源以及信用能力比个人独资企业有所增加，但其融资能力仍然有限，不易充分满足企业进一步扩大生产规模的资本需要。

4. 公司企业的优点与缺点

公司企业具有以下优点：

（1）公司的股东只对公司承担有限责任，与个人的其他财产无关，因而股东的风险不大，并且通过股份有限公司的股东还可以自由转让股票而转移风险。

（2）通过公开发行股票，提高了公司的社会声望，因而融资能力很强。

（3）公司具有独立存续时间，除非因经营不善导致破产或停业，否则不会因个别股东或高层管理人员的意外或离职而消失。

（4）对比个人独资企业和合伙企业，公司的所有权与经营管理权分离，可以聘任专职的经理人员管理公司，因而管理水平高，能够适应竞争激烈的市场环境。

公司企业存在以下缺点：

（1）公司设立的程序比较复杂，创办费用高。

（2）按照相关法律要求，股份有限公司需要定期披露经营信息，公开财务数据，容易造成商业机密的外泄。

（3）由于公司是从社会吸纳资金，为了保护利益相关者，政府对公司的限制较多，法律法规的要求也较为严格。

能力训练

PLM 国际有限公司从合伙制转变为公司的决策

1972 年，美国的几个企业家同意创办一家名为 PLM（Professional Lease Management, Inc.）的企业。他们以购买和租赁交通设备为目的发起一个私人有限合伙制企业，创立了一家子公司，名为"金融服务有限公司"（Financial Services, Inc.），作为各个合伙制企业的一般合伙人。PLM 在早些年里取得了一定的成功，在 1981—1986 年间至少组建了 27 家公共合伙制企业。每个合伙制企业建立后就购买和租赁交通设备给交通公司，如飞机、卡车、挂车、集装箱、火车等。

在 1986 年税制改革法颁布前，PLM 通过它的合伙制企业取得了巨大的成功，成为美国最大的设备租赁公司之一。由于合伙制企业不同于公司,不需缴纳公司所得税,所以合伙制对于高税收阶层很有吸引力。合伙制企业成立后实行"自我变现",即所有的剩余现金都分配给合伙人,因此没有进行再投资。对于合伙制企业,没有现成的市场。每个合伙制企业投资在交通设备中的一个狭小的领域。PLM 的成功取决于创造了由于加速折旧而产生的避税的现金流量和投资税收抵免。但是,1986 年的税制改革法对有限合伙制企业的避税产生了破坏性的影响。税制改革从根本上降低个人所得税率,取消了投资税收抵免,缩短折旧年限,同时建立了一个选择性最小税率。新的税法导致 PLM 不得不考虑不同组织形式的设备租赁企业。实际上,企业所需的是有利于其潜在增长和多元化机会,而不是完全基于避税的一种企业组织形式。

1987 年,PLM 在现已破产的 Drexel Burnham Lambert 投资银行的建议和帮助下,结束了合伙制,并同意将合伙制企业转变为一个新的伞型公司,称为 "PLM 国际有限公司"。通过大量的法律操作,PLM 国际有限公司发布公告,称多数合伙制企业同意合作组建公司。1988 年 2 月 2 日,PLM 国际有限公司的普通股开始在美国证券交易所交易,每股价格约 8 美元。虽然 PLM 国际有限公司转变为股份公司,它的业绩并不好。1997 年 10 月 16 日,它的股票交易价格仅为每股 5 美元。

转变成为一个公司的决策是复杂的,存在许多有利和不利之处。PLM 国际有限公司认为其联合组建交通设备租赁公司的理由有:

(1) 为未来增长提高融资能力,包括权益资本和债务资本;
(2) 有利于未来再投资于有利可图的投资机会;
(3) 通过发行股票上市交易,提高投资者的资产流动性。

以上是联合组建公司最好的理由,它给 PLM 国际有限公司新股东带来的潜在利益超过了组建公司所产生的双重征税这一不利之处。但是,并非所有的原 PLM 的合伙制企业都愿意转变为股份公司。有时,要决定一个企业的最佳组织形式是合伙制或公司制并非易事。由于双重征税,企业要从股份公司获得最大的好处需要具备以下特征:

(1) 低的应税收入;
(2) 低的边际公司所得税率;
(3) 在潜在的股东中,低的边际个人所得税率。

问题:

1. 你认为有限责任公司制是否一定比合伙企业优越?为什么?

| |
| |
| |
| |
| |

2. 你认为企业组织形式不同对企业造成的影响还包括哪些?

拓展阅读

一、分公司与子公司

分公司是与总公司或公司相对的概念，它实质上并不是一种独立的公司形态，而是公司的一种分支机构、营业部门或组成部分，属于非法人企业组织。在国外，分公司的经营收益纳入总公司的收益中，一般由总公司汇总缴纳企业所得税。

子公司是与母公司相对的概念，是指其股份的一定比例甚至全部被母公司持有，而为母公司控制或参股的公司。子公司是一个独立的法人企业，它与分公司的区别主要在于：分公司不具有法人资格，无独立的财产、名称和章程，不能独立对外承担责任，而子公司则完全相反；分公司与子公司虽然都具有诉讼主体的资格，但是由于分公司不具有对外独立承担责任的能力，因此，凡是以分公司为被告的诉讼案件必须以总公司为共同被告，而子公司无须以母公司为共同被告，自己独立承担法律责任。

子公司和分公司的税收待遇一般都是有差别的，前者承担全面纳税义务，后者往往只承担有限纳税义务。子公司作为独立法人主体可以享受当地的税收优惠待遇，分公司如果不能被视为独立法人主体或独立的纳税人，则很难享受到当地的税收优惠待遇。但是，分公司作为总公司统一体中的一部分接受统一管理，损益共计，可以平抑自身经济波动，部分地承担纳税义务。从企业投资策略上说，如果公司资金充足且要对下属企业实施较强的控制，则选择分公司的组织形式；如果公司资金不足，要吸收他人的投资且不需对下属企业实施较强的控制，只要参股或控股就可以了，则选择子公司的组织形式。从税收筹划上考虑，对于初创阶段较长时间无法盈利的企业，一般设置为分公司，这样可以利用公司扩张成本抵冲总公司的利润，从而减轻公司总体税负；但对于获利较为迅速的企业，则可以设置子公司，这样可以享受税法对新办企业的优惠待遇。由于低税收国家和地区、避税地、避税港的存在，当地可能对具有独立法人地位的投资者免征或只征收较低的公司所得税，跨国公司或国内大公司常常会在这样的地方建立子公司，甚至只是一个信箱公司或是一个只设电话转接器的公司，用来转移高税收地区相关公司的利润，达到避税的目的。

根据我国现行企业所得税法的规定，分公司和子公司一般是按照是否具备独立经济核算的条件来确定企业所得税纳税人的，由于分公司和子公司一般都能够同时具备在银行开设结算账户、独立建立账簿、编制财务会计报表、独立计算盈亏的条件，所以，绝大部分分公司和子公司都是独立的企业所得税纳税人。只有金融保险、民航、铁路等部分特殊的行业，由于其经营特点，没有把其分公司作为独立的企业所得税纳税人。

把子公司作为独立的企业所得税纳税人符合所得税的原理，但把分公司也作为独立的纳税人是不合理的，因为分公司的成本费用核算一般是不完全的，分公司的部分人员经费、管理费用、财务费用、营业成本，甚至资本支出都有可能是由其总公司承担的，加上其不是一级法人，无法承担法律责任，所以，分公司的所得税应由总公司汇总纳税较为合理。

二、企业集团与集团公司

企业集团是指以资本为主要联结纽带的母子公司为主体，以集团章程为共同行为规范的母公司、子公司、参股公司及其他成员企业或机构共同组成的具有一定规模的企业法人联合体。企业集团不具有法人资格。集团公司与企业集团是既有联系又有区别的两个不同概念。企业集团必须有一个或几个大中型企业为核心，核心企业必须具有企业法人地位；必须具有雄厚的经济技术实力；必须具有一定数量的成员企业（子公司）；必须具有投资中心、利润中心、成本中心等功能。这种核心企业实质上就是具有母公司性质的集团公司。拥有若干子公司的母公司称为集团公司，是一个企业法人；集团公司连同其子公司、参股公司和关联企业的总和称为企业集团。事业单位法人、社会团体法人也可以成为企业集团成员。

在世界各国，企业集团以其雄厚的资金、庞大的规模、先进的技术、众多的人才、广泛的信息网络和市场渠道在宏观经济活动中占有重要地位，企业集团既具有综合优势，获取单个企业所无法比拟的规模经济效益，同时，又保持各成员企业的相对独立功能与适应能力，能够在较短的周期内完成产业及产品结构的转换、调整与优化，促进生产力的迅速提高。我国自改革开放以来，已逐步建立起一大批集团公司和企业集团，既有国有的集团公司和企业集团，也有股份制的和民营的集团公司和企业集团。从目前我国经济的发展来看，我国还缺乏具有国际竞争力的大型企业集团。因此，国家应大力促进企业集团经济的发展，以适应我国加入世界贸易组织后的新的经济形势。

在企业所得税理论上，一般将母子公司统一缴纳企业所得税称为合并纳税；将总分公司统一缴纳企业所得税称为汇总纳税。

项目小结

小企业在选择组织形式时，需要分析具体包括哪些企业组织形式。要清楚认识个体工商户、个人独资企业、合伙企业和公司各自的特点，从而结合小企业选择组织形式的原则，从小企业实际出发，具体辨识各种组织形式的优缺点，确定一种最适合该创业项目的企业组织形式。

项目过程考核

你的企业所选择的组织形式：

☐ 个体工商户　　　　　　☐ 个人独资企业
☐ 合伙企业　　　　　　　☐ 有限责任公司
☐ 其他_____

选择该企业组织形式的原因和依据：

_____

_____

_____

_____

寻求法律保护和承担相应责任

知识目标

- 了解小企业相关法律和责任
- 明晰工商注册登记相关知识
- 熟悉职工权益保护相关法律

能力目标

- 能具备基础法律知识并解决简单的法律纠纷问题
- 掌握工商注册登记的手续及要求,了解国家纳税体系
- 能处理职工权益保护相关问题,增强对员工和企业的管理

关键概念

公司法 合同法 工商行政登记 依法纳税 劳动合同

任务1 学习小企业相关法律

任务导入

赵晨和顾宇的故事(十七):我们的产品,侵权了吗?

赵晨和顾宇通过多年魔兽游戏的经验累积,开发了一款适合众多游戏玩家使用的USB暖手鼠标垫,开发了以魔兽世界中野蛮人、死亡骑士等人物角色为主题的系列鼠标垫,一经市场推广深受好评,谁知好景不长,由于对市场前期准备不足,第二代魔兽系列USB暖手鼠标垫推出的时候,市场上出现了大面积的盗版,更为严重的是鼠标垫加工厂私自把"图案"和成品供给了其他公司。同时他们还收到了九城公司的律师函,认为该产品侵犯了九城公司国内魔兽世界游戏的独家代理权。面对众多的纠纷,赵晨和顾宇突然发现自己陷入了法律纠纷的困境之中,如果不能妥善处理,将直接影响自己这个新企业的生命和未来。

图 6-1 产品侵权

任务布置

任务1:分析上述纠纷中涉及的相关法律及其法律关系。
任务2:为赵晨和顾宇出谋划策,妥善解决这起纠纷。

相关知识

一、小企业相关法律

国家为了使所有的公民和企业能在公平和谐的环境中竞争和发展,制定了各类法律和法规。它们是规范公民和企业经济行为的准则,具有权威性、强制性、公平性。依法办事是公民和企业的责任。

作为一个想创办企业的小企业主来说,你也许觉得法律太多了,弄不明白。其实,和你的企业有直接关系的法律只是其中的一部分。你不必了解有关法律的所有内容,只要求你知道哪些法律和哪些关键内容与新办企业有关就够了。最重要的是你作为企业主,要知道法律不仅对企业有约束,也给你企业提供保护。遵纪守法的企业将赢得客户的信任、供应商的合作、职工的信赖、政府的支持,甚至赢得竞争对手的尊重,为自己营造一个良好的生存发展空间。

与新创办企业直接有关的基本法律见表 6-1。

表 6-1 与新创办企业直接有关的基本法律

法律名称	相关基本内容
企业法	公司法、个人独资企业法、合伙企业法、个体工商户管理条例、中外合资合作企业法、乡镇企业法等
民法通则	个体工商户、农村承包经营户、个人合伙、企业法人、联营、代理、财产所有权、财产权、债权、知识产权、民事责任等
合同法	一般合同的定论、立效力、履行、变更和转让、权利义务终止、违约责任等;具体合同如买卖、借款、租赁、运输、技术、建设工程、委托等
劳动法	促进就业、劳动合同和集体合同、工作时间和休息休假、工资、职业安全卫生、女职工和未成年职工特殊保护、职业培训、社会保险和福利、劳动争议、监督检查等

与企业相关的其他法律有:
会计法、税收征收管理法、产品质量法、消费者权益保护法、反不正当竞争法、保险法、环境保护法等。

二、我国中小企业法律保护的现状

在我国原有的经济模式中,立法更多地关注国有企业,特别是关注国有大型企业的发展,相对而言,中小型企业的发展没有成为社会经济构成中聚焦的重点,相关的法律保护则刚刚起步。

我国中小企业法律保护主要通过以下法律及政策体现:

针对性强的立法主要有《中华人民共和国中小企业促进法》和《大中小型工业企业划分标准》;《公司法》《证券法》《知识产权法》《城镇集体所有制企业条例》和《乡镇企业法》中也有涉及。其中《中华人民共和国中小企业促进法》是中小企业法律中的基本法,对保障和促进中小企业的发展具有重要的意义。其明确了立法目的:改善中小企业经营环境,促进中小企业健康发展,扩大城乡就业,发挥中小企业在国民经济和社会发展中的重要作用;将"国家对中小企业实行积极扶持、加强引导、完善服务、依法规范、保障权益的方针,为中小企业创立和发展创造有利的环境"作为指导思想,为中小企业的发展创造了前所未有的空间。

政策在我国中小企业保护中充当了重要的角色。2000年8月,国务院办公厅转发《国家经贸委关于鼓励和扶持中小企业发展的若干政策意见》(以下简称《意见》),这是在国有企业三年脱困已取得明显进展的情况下国家出台的重要经济政策。《意见》从大力推动中小企业结构调整、鼓励中小企业技术创新、加大对中小企业的财税政策支持、拓宽中小企业融资渠道、加快建立中小企业信用担保体系、健全社会化服务体系、创造公平竞争的外部环境和加强组织领导共8个方面,对中小企业的保护做出了25条原则规定与具体要求。《意见》还规定:各级政府要根据财力安排资金用于中小企业信用担保、创业资助等方面;探索组建国家中小企业信用再担保机构并对纳入全国试点的担保和再担保业务给予3年免征营业税;进行中小企业产权交易试点,探索建立中小企业风险投资公司等。2000年10月正式组建了由国家经贸委牵头,包括中国人民银行、财政部、科技部、税务总局、工商局、证监会以及国家政策性银行和商业银行在内的全国推动中小企业发展工作领导小组,办公室设在国家经贸委中小企业司。2000年12月,召开了第一次全国中小企业工作会议,会议决定陆续发布《关于中小企业信用担保体系建设的意见》《关于中小企业融资担保行业管理办法》《关于中小企业担保再担保机构免征营业税管理规定》《关于加强中小企业信用管理的意见》《关于中小企业质量工作的意见》《关于鼓励创办中小企业的意见》等配套文件,促进了中小企业的发展。2005年国务院公布的《关于鼓励支持和引导非公有制经济发展的若干意见》提出:"进一步放宽市场准入,鼓励和支持非公有资本进入基础设施、垄断行业、公用事业以及法律法规未禁止的其他行业和领域。"国务院下发了《关于非公有资本进入文化产业的若干决定》(以下简称《决定》),《决定》明确了非公有资本进入文化产业的具体领域。文化部、财政部、人事部、国家税务总局联合下发了《关于鼓励发展民营文艺表演团体的意见》,在市场准入、人才培养、对外交流、简化审批等方面提出了政策意见。国家民航总局对非公有资本在公共航空运输、通用航空、民用机场、空管系统、民航相关项目领域的市场准入等做出了明确规定。铁道部在铁路建设运营、客运货运、铁路装备制造、多元化经营等领域放宽市场准入提出了具体意见。商务部公布《成品油市场管理暂行办法》,对申请设立成品油企业的主体资格没有明确限制，为非公有制企业进入成品油流通领域提供了制度保障；电监会出台了《电力业务许可证管理规定》，明确了从项目核准、技术标准和经营资质三方面审核电力业务。2006年1月12日深圳证券交易所颁布了《中小企业版投资者权益保护指引》，这一规定保障了投资者对中小企业的投资。相关法律、政策在中小企业融资、税收等方面发挥了重要的作用。

能力训练

赵晨和顾宇的创业故事（十八）：一辆卡车引起的纠纷

赵晨、顾宇二人为了满足公司日益增长的业务需要，于2015年10月1日从汽车交易中心购得一辆"东风"牌二手卡车，从事USB暖手鼠标垫的运输业务。二人各出资人民币3万元。同年12月，赵晨驾驶这辆汽车外出联系业务时，遇到李某，李某表示愿意出资人民币8万元购买此车，赵晨随即将车卖给了李某，并办理了过户手续，事后，赵晨把卖车一事告知顾宇，顾宇要求分得一半款项。

图6-2 卡车引起的纠纷

李某买到此车后，于同年年底又将这辆卡车以人民币9万元卖给赵某。二人约定，买卖合同签订时，卡车即归赵某所有，赵某租车给李某使用，租期为1年，租金人民币1万元，二人签订协议后，到有关部门办理了登记过户手续。

赵某把车租赁给李某使用期间，由于运输缺乏货源，于是李某准备自己备货，因缺乏资金遂向银行贷款人民币5万元，李某把那辆卡车作为抵押物，设定了抵押，双方签订了抵押协议，但没有进行抵押登记。

次年11月赵某把该车以人民币10万元的价格卖给了钱某。12月赵某以租期届满为由，要求李某归还卡车，李某得知赵某把车卖给钱某，不愿归还卡车，主张以人民币9万元买回此车，赵某不允，遂发生纠纷。

问题：
(1) 赵晨、顾宇对卡车是什么财产关系？
(2) 赵晨、李某的汽车买卖合同是否有效？为什么？
(3) 李某、赵某约定买卖合同签订时，卡车即归赵某所有，该约定是否有效？为什么？
(4) 李某与银行的抵押合同能否生效？为什么？
(5) 李某主张买回卡车的主张能否得到支持？为什么？
(6) 截至纠纷发生时，该卡车所有权归谁享有？为什么？

任务2 依法进行登记注册

任务导入

赵晨和顾宇的创业故事（十九）：注册公司原来不简单

赵晨和顾宇的网店越做越红火，于是两人就想要注册一个公司。他们知道公司注册要申办营业执照，可就是搞不清该去哪里办理。他们分头打听，结果众说纷纭。有的说网店不用领，有的说是在市工商管理局领，有的说是在所在区域的工商管理所领，还有的说直接去网上找个店代办。最后一个同学告诉他们，在宁波市海曙区卖鱼路的海光大厦，有个81890便民服务窗口就可以直接办理。

于是他们兴冲冲赶到81890，结果发现其实还没那么简单，公司名称、性质、住所地、法人等涉及诸多问题，这时他们才发现，要成立公司，这个基础的法律知识可是需要恶补啊！

图6-3 企业法人营业执照

图6-4 办证也要小心上当

任务布置

任务1：分析赵晨和顾宇的公司应该以何种形式登记。
任务2：赵晨和顾宇办理登记的资料和手续齐备吗？

相关知识

一、工商行政登记

办新企业，首先得给它一个明确的法律地位，如同办理"户口"。根据中国法律规定，新办企业必须经工商行政管理部门核准登记，发给营业执照并获得有关部门颁发的经营许可证（例如卫生、环保、特种行业许可证等）。营业执照是企业主依照法定程序申请的、规定企业经营范围等内容的书面凭证。企业只有领取了自己的营业执照，才算有了"正式户口"般的合法身份，才可以开展各项法定的经营业务。企业法人营业执照如图6-5所示。

图6-5　企业法人营业执照图示

二、选择公司的形式

普通的有限责任公司，最低注册资金3万元，需要两个（或以上）股东，从2006年1月起新的公司法规定，允许1个股东注册有限责任公司，这种特殊的有限责任公司又称"一人有限公司"（但公司名称中不会有"一人"字样，执照上会注明"自然人独资"），最低注册资金10万元。如果你和朋友、家人合伙投资创业，可选择普通的有限公司，最低注册资金3万元；如果只有你一个人作为股东，则选择一人有限公司，最低注册资金10万元。

三、注册公司的步骤

公司注册在狭义上指的就是工商注册，工商注册的流程一般分为以下三个阶段，如图6-6所示。

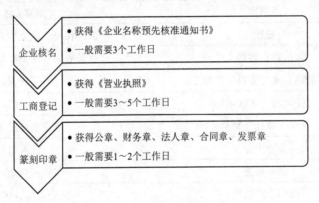

图6-6　工商注册的流程

1. 工商局核名（企业名称核准）

企业名称想好后，就要到核名的阶段了。核名一般需要3个工作日左右，公司注册申请人事先最好想好5~8个公司名称，避免因审核时重名而耽误时间。

（1）名称预查。咨询后领取并填写《名称（变更）预先核准申请书》，同时准备相关材料，股东、法人代表提供身份证，名称预查是在公司注册所在地区的工商局进行的。

（2）名称审核。递交《名称（变更）预先核准申请书》，等待名称核准结果。工商局预查通过后，报市工商局审核，一般需要3个工作日左右。

（3）领取《企业名称预先核准通知书》。市工商局名称审核通过后，由区工商局打印《名称预先核准通知书》，凭受理通知书领取《企业名称预先核准通知书》。《企业名称预先核准通知书》有效期为六个月，若六个月内还未办理工商登记，可以申请延期。

注册公司核名所需材料包括：

① 全体股东的身份证原件、复印件；
② 各股东的出资金额；
③ 拟申请公司名称1~10个；
④ 公司主要经营范围；
⑤ 注册资金。

此外，特殊经营范围需到有关部门审批。公司注册经营项目涉及前置许可的，应先到相关许可部门取得许可文件。在注册公司办理营业执照前需要先进行前置审批的行业如表6-2所示。

表6-2 经营项目前置审批表

	前置审批行业	审批部门
1	医疗器械销售、生产（一类医疗器械除外）	区药监局
	药品	区药监局、卫生局
2	图书报刊、报刊出版物零售、印刷	区文化管理所、市新闻出版局
3	音像制品销售	区文化管理所
4	酒类批发	区酒类专卖局
5	食品	区卫生局
6	医疗机构设立	区卫生局
7	烟销售	烟草专卖局
8	餐饮	区环保局、区卫生局、区消防处
9	旅馆、客房	区公安局、区消防处、区卫生局
10	塑料制品、水性涂料生产加工	区环保局
11	道路运输、水陆运输	交通局
12	汽车、摩托车维修	市交委维修管理处
13	人才中介	区人事局
14	劳务服务	区劳动局
15	废旧金属收购	区公安局、区环保局
16	成品油经营、储存	市经委、公安局
17	加工、销售、回收金银	市人行金融处
18	文物经营	文物管理委员会
19	经营性舞厅	市文化局、卫生局、公安局、消防处
20	国画书法	市文化局
21	咖啡馆、酒馆	卫生部门、公安部门、市酒类专卖局
22	报关业务	海关总署
23	水泥生产	市建委
24	航空运输销售代理业务	民航管理局
25	化妆品生产	市卫生局
26	工程承包	市建设委员会

2. 办理工商登记设立

办理营业执照阶段一般需要三步：首先需要先提交网审材料；然后，网审通过后在打印纸质材料提交到工商局；最后，工商局审核通过后，会通知企业领取营业执照。在申请营业执照时，企业需要提交的材料包括：

(1) 公司法定代表人签署的《公司设立登记申请书》；
(2) 董事会签署的《指定代表或者共同委托代理人的证明》；
(3) 由发起人签署或由会议主持人和出席会议的董事签字的股东大会或者创立大会会议记录、股东会决议；
(4) 全体发起人签署或者全体董事签字的公司章程；
(5) 自然人身份证件复印件；
(6) 董事、监事和经理的任职文件及身份证件复印件；
(7) 法定代表人任职文件及身份证件复印件；
(8) 住所使用证明；
(9)《企业名称预先核准通知书》。

3. 公司注册篆刻公司印章

拿到营业执照后就可开始篆刻印章，一般需要 1~2 个工作日。

篆刻公司印章需要准备材料：
(1) 营业执照副本原件及复印件；
(2) 法人身份证原件及复印件；
(3) 委托人身份证原件及复印件。

注册公司需要篆刻的印章：
(1) 企业公章；
(2) 企业财务章；
(3) 企业法定代表人个人印鉴；
(4) 企业合同章；
(5) 企业发票专用章。

四、依法纳税

根据中国税法的规定，所有企业都要依法报税纳税。与企业和企业有关的主要税种如下：

(1) 增值税。
(2) 企业所得税。
(3) 个人所得税。
(4) 消费税。
(5) 关税。
(6) 城市维护建设税。
(7) 教育费附加等。

社会经济活动是一个连续运动的生生不息的过程：生产—流通—分配—消费。国家对生产流通环节征收的税收统称流转税，对分配环节征收统称所得税。这是最基本的两个税种。

各类企业缴税纳的一般税目税率见表6-3。

表6-3 各类企业缴税纳的一般税目税率

企业类型	增值税		企业所得税	城市维护建设税	教育费附加	其他税种（因企业而异）
制造业	一般纳税人：17%；小规模纳税人（年销售100万元以下）：6%		新所得税法规定法定税率为25%，内资企业和外资企业一致，国家需要重点扶持的高新技术企业为15%，小型微利企业为20%，非居民企业为20%	以增值税为税基：（1）市区：7%；（2）县城、镇：5%；（3）偏远地区：1%	以增值税为税基：3%	资源税 消费税（烟、酒、烟火鞭炮、化妆品、汽柴油等商品）
商业	一般纳税人：17%；小规模纳税人（年销售额180万元以下）：6%					消费税（金银首饰）
服务业	分17%、11%、6%三档	分3%、5%、20%三档				
农林牧渔业	13%					资源税

能力训练

选择你的企业的法律形态

要求：分组练习，根据企业注册相关法律知识和要求，5~10人一个小组，对问题进行讨论，完成下列表格。

企业法律形态及成因

你的企业的法律形态是什么？	
选择这种企业法律形态的原因是什么？	

业主

姓　名	技　能　说　明

登记注册

机　构	时　间	费　用

合伙协议（如果是合伙企业，请填此项。签订协议前参看合伙企业）

协议内容条款＼合伙人				
出资方式				
出资数额和期限				
利润分配与亏损分摊				
经营分工、权限和责任				
合伙人个人负债的责任				
协议变更和终止				
其他条款				

任务3　尊重职工权益

任务导入

赵晨和顾宇的创业故事（二十）：解除劳动合同

蔡琳是赵晨和顾宇公司财务部的会计。一天上班时，她擅自溜出公司，到水果超市去买水果。被公司财务部经理发现，口头对其进行了批评警告。

一周后的一天，蔡琳又在上班时，偷偷跑到外面去逛商场，被赵晨遇见，当场抓了个现行。

针对蔡琳这两次违反劳动纪律的行为，公司根据企业内部的《员工守则》："上班时间内逛商店（场）、买东西的行为，属于乙类过失……对犯乙类过失者，第一次书面警告后，第二次再犯立即解除劳动合同"的规定，做出了与蔡琳解除劳动合同的决定。蔡琳不服，认为公司并没给过她书面警告，所以，不能直接解除劳动合同。

图6-7　员工守则

公司则认为：蔡琳两次违纪的事实清楚，证据确凿。虽然，公司对她的第一次乙类过失，没有书面警告，而是口头警告，那也只是公司处理程序上的小问题，并不能影响对她两次违纪行为的认定和给予她解除劳动合同的处理。

任务布置

任务1：分析赵晨和顾宇的公司《员工守则》是否具备法律效力？
任务2：蔡琳的行为是否可以解除劳动合同？
任务3：公司解除蔡琳劳动合同的行为是否有效？

相关知识

企业竞争力的一个关键因素是员工的素质和积极性。在劳动力流动加快和竞争加剧的形势下，优秀的劳动者越来越成为劳动力市场上争夺的重要资源。所以新开办的企业一开始就要特别重视以下五个方面的问题。

1. 订立劳动合同

劳动合同是劳动者与企业签订的确立劳动关系、明确双方权利和义务的协议。订立劳动合同对双方都产生约束，不仅保护劳动者的利益，也保护企业的利益，它是解决劳动争议的法律依据。所以绝对不能因为怕麻烦，或者为了眼前的小利而逃避签订劳动合同。

劳动合同的基本内容有：

(1) 工作职责、定额、违约责任。
(2) 工作时间。
(3) 报酬（工资种类、基本工资、奖金、加班、特种工作补贴）。
(4) 休息时间（周假、节假日、年假、病假、事假、产假、婚丧假等）。
(5) 社会保险、福利。
(6) 合同的生效、解除、离职、开除。

一般各地都有统一的劳动合同文本，有关信息可以从当地劳动和社会保障部门获得。

2. 劳动保护和安全

尽管创业初期资金紧张，企业仍应尽量创造良好的工作条件，防止工伤事故和职业病发生，搞好危险和有毒物品的使用和储存，改善音、光、气、温、行、居等条件，以保证职工人身安全并提高他们的工作效率和积极性。

3. 劳动报酬

企业定的工资不能低于本地区劳动部门规定的最低工资标准，而且必须按时以货币形式发放给劳动者本人。有关最低工资标准的信息可以从当地劳动和社会保障部门获得。

4. 社会保险

国家的社会保险法规要求企业和职工都要参加社会保险，按时足额缴纳社会保险费，使员工在年老、生病、因工伤残、失业、生育的情况下得到补偿或基本的保障。为职工办理社会保险对企业来说是强制性的。目前我国的社会保险主要有：养老保险、医疗保险、失业保险、工伤保险和生育保险。办理社会保险的具体程序和要求可到当地劳动和社会保障部门进行咨询。

图 6-8 未来企业竞争中最重要的是人才，保护职工权益是解决之钥

5. 企业内部规定的效力

劳动者与用人单位在履行劳动合同的过程中，双方当事人不仅要受劳动法律法规和劳动合同的调整，而且还要共同遵守企业内部的规章制度（包括《员工守则》）；如果，这种规章制度不违背劳动法律法规的义务性规范和劳动合同的约定条款，那么，它对双方当事人都具有约束力。

但要注意：程序规定和实体规定密不可分，程序不合法的处理决定本身也是不合法的。所以企业内部规定的执行必须依照程序，如违反，则做出的解除合同的行为就是可撤销的民事行为。

能力训练

你的企业的工作条件

下表能帮助你有效地检查你新办的企业在工作条件方面的问题。表中各项是你的企业可能需要的工作条件，其中多数条件很简单、很容易实现。

看一看这些项目，然后决定哪些是你的新企业需要的。

项　　目		该项在你的企业中是否重要	
		是	否
材料储存和管理	有地方储存不常用的材料吗？		
	有存放工具、原材料、零件和产品的货架吗？		
	为了便于移动，是否考虑给备品柜、货架、工作台安装轮子？		
	移动沉重货物时，用手推车、移动货架、吊车、传送机或其他机械设备吗？		

续表

项 目		该项在你的企业中是否重要	
		是	否
工位	开关、控制阀和材料是否放在工人便于操作的地方？		
	是否用电梯、起重机或其他机械措施减轻工人的负担？		
	每个工位是否设置了稳固的工作台？		
	工作中使用钻模、夹钳、老虎钳或其他装置来固定加工件吗？		
	是否调整设备、控制器或台面的高度以避免弯腰或手伸得很高？		
	是否改变工作方法使工人在工作中可以调换站姿和坐姿？		
	椅凳靠背是否坚固？高度是否合适？		
	机器和电力传送设备的危险部位是否有合适的防护装置？		
	是否有安全警示的标志和装置，以防工人的手在机器运转时受伤？		
	是否用机械装置给设备填料，以免工伤事故，同时增加产量？		
	是否确定设备维护良好，没有损坏或不固定的部分？		
控制有害物质	是否用危害性小的洗涤用品（如洗涤剂和肥皂）来替代有危害性的化学品（如有机溶剂）？		
	你保证所有的有机溶剂、漆、胶水存放在有盖的密封容器中吗？		
	有无排气通风设备？		
	你是否要求接触危险品的工人在吃饭或喝水之前用肥皂洗手，在回家之前洗澡并换衣服？		
	是否为工人提供适量和适当的保护目镜、面部护罩、防护面具、耳塞、安全鞋、头盔或手套？		
	是否指导和培训工人正确地使用和维护劳保物品，并定期监督其使用？		
光线	是否保持天窗和窗户干净？		
	天花板和墙壁是否刷成白色或浅色并保持干净？		
	工作需要时，是否提供人工照明，包括增加光源、安装反射镜或改变现有灯光的位置？		
	为避免工人精神涣散和眼疲劳，是否通过遮光或改变灯的位置来减少强光刺激，是否用漫射光或调整工人工位以避免直接面对窗户或其他光源？		
	对精密度高的工作，是否提供局部光照或可调节灯光？		
	是否维护灯光设备清洁并定期更换灯泡？		

续表

项 目		该项在你的企业中是否重要	
		是	否
福利设施	是否在所有的工作场所提供安全的饮用水？		
	工作场所附近是否提供方便、干净的卫生间？有无肥皂？有独立的男、女卫生间吗？		
	是否提供独立、舒适、卫生的用餐环境？		
	是否提供存放衣物、车辆或其他个人用品的地方？		
	是否提供急救设备，并培训至少一名合格的急救员？		
房屋设施	是否给金属墙壁和房顶安装绝缘材料来改善建筑的隔热、保温系统？		
	是否开辟更多的顶窗、壁窗或门道以增强自然风？		
	是否把热源、噪声源和烟源进行隔离？		
	是否在方便的地方放置足够的灭火器，并保证工人会用灭火器？		
	是否在每层楼或每个大房间安排（至少）两个无障碍通道？		
	是否保留安全过道，并做记号，保持过道畅通无阻？		
	是否清除破损、混乱的电线连接处？		
工作组织	为了提高工人的注意力，防止疲劳，是否经常变换工人的工作，提供学习新的操作知识的机会，提供短暂的休息，使工人之间能交谈或播放音乐？		

与我的企业经营活动关系密切的工作条件如下：

材料储存和管理	
工位	
控制有害物质	
光线	
福利设施	
房屋设施	
工作组织	

拓展阅读

一、企业生存发展与职工自身利益关系

2010 年富士康员工 13 连跳事件曾一度在网络上成为焦点。也许有人会说这年头自杀已经不是什么新鲜事了，何必大惊小怪呢？是的，每年都会发生大大小小的自杀事件，大到重

要公众人物,小到平民百姓,是不足为奇的。可是从另一个层面上看,又不得不让我们去深思员工自杀背后的问题。

这件事情起初可能没人在意,以为只是员工自己的问题,可一起接一起地发生,不得不让大家对这个事情重视起来。作为鼎鼎有名的大企业内部发生了这么重大的事情,人们的视线不由得从员工自杀转到企业身上。随着调查的深入,我们不难看出富士康企业内部管理上存在一定的问题。员工薪资低,工作时间长,休息极短并且经常加班,主管人员动不动就给员工突击检查或者刻意"刁难"等,管理者对员工也很少关心关怀,种种缺乏人性化的管理使员工长期处于紧张压抑的状态下工作,超出员工的最终承受极限,矛盾激化,处于弱势的员工最后用这种方法来解决问题,似乎是要表达着什么。我们都知道企业管理制度是硬性的,是特定人必须严格遵守的,也体现了企业的文化和内涵,不容置疑,但管理制度也是由人制定出来的,具有弹性。在具体的执行中,若合理地运用,会促进企业和员工的关系,从而推动两者和谐发展,相反则会矛盾激化,针锋相对,最终两败俱伤。所以,企业能生存发展下去,处理好与员工的关系是十分重要的。

在中国,企业要想奋勇前进,不断进取,应贯彻以人为本,建设和谐社会的理念,从以下四个方面来处理好企业与员工之间的关系:

首先,企业应以人为本,广纳谏言,并结合企业自身的特点和文化制定合理有特色的管理制度。完善的管理制度,对企业来说是至关重要的。俗话说:"没有规矩不成方圆。"一个先进的企业,一定有其自身严格而有独特的管理方法。这种方法不是简单的粗暴,不是单纯的榨取,也不是无谓的"刁难",而是真正从员工的角度出发,结合员工的生活、心理和精神的实际情况进行的人性化管理,建设真正的和谐企业、文明企业。

其次,企业应顺应时代的发展,经济的进步,适当提高员工的薪资待遇,设置多级奖金方案和提供福利保障。员工是企业的左膀右臂,是企业前进的助推者。保障员工的利益,企业责无旁贷。员工的利益得到保障,又会激发他们的积极性,从而也会促进企业前进的步伐,两者相辅相成,也体现了当今建设和谐社会的理念。

再次,企业应加强自身文化建设,丰富员工的精神文化生活。通过设立员工休息活动室、棋牌室、娱乐室、健身房、组织有趣味的运动等一系列的项目,丰富企业员工的精神生活。紧张繁忙的工作之余能放松休息娱乐运动,也许是对员工最好的关心关怀。身心健康的员工不失为企业的一大法宝,也不愧为企业精神面貌的一道风景线。

最后,企业应设立心理咨询服务办公室,定期对员工进行心理咨询、心理辅导、心理健康培训等,了解员工心理活动变化,对有心理问题的员工进行及时疏导,防患于未然。

企业的蓬勃发展,不仅关乎着自己的命运,而且关乎着中国经济长期稳步的发展,因而企业要扮好这个重要的角色,处理好与员工的关系不容忽视。所谓"吃一堑长一智",为避免悲剧再次发生,我们的企业是不是应该做些什么呢?

二、学习新劳动法的经验及一些应对注意事项

劳动合同是一种具有身份性质的合同,劳动者以外的其他人不能代劳动者完成劳动任务。劳动力是存在于劳动者肌体内的,劳动力的存在和支出与劳动者的人身不可分离。劳动关系的人身性决定了劳动合同的专属性,即劳动者未经用人单位同意不得由第三人代为其向用人单位履行劳动义务。

单位必须与员工订立无固定期限劳动合同的前提条件有三个：一是劳动者在同一用人单位连续工作满十年以上；二是当事人双方同意续延劳动合同；三是劳动者提出订立无固定期限的劳动合同。当上述三个条件同时满足的时候，单位必须要与员工订立无固定期限劳动合同。

换句话说，按照《劳动法》的规定，劳动者在同一用人单位连续工作满十年以上，续签劳动合同时，劳动者本人没有提出来要签无固定期限合同的话，用人单位就可以与其签订一个一年或几年期的劳动合同。

新劳动合同法规定，劳动者在用人单位连续工作满十年的，续订劳动合同时，除劳动者提出订立固定期限劳动合同外，应当订立无固定期限劳动合同。

用人单位自用工之日起满一年不与劳动者订立书面劳动合同的，视为用人单位与劳动者已订立无固定期限劳动合同。

规章制度应经民主程序制定。规章制度应进行公示。知情权行使的时间是在缔约过程之中，劳动合同尚未订立，劳动者和用人单位为了缔结劳动合同而相互了解对方。没有缔约意愿的人无权了解他人的各方面情况。

用人单位在行使知情权时，应当明确知道：知情权的范围是与缔结劳动合同有关的信息。一般来说，用人单位可以了解劳动者的健康状况、学历、以前的工作经历、专业知识和工作技能等与从事具体工作有关的情况。求职者的个人隐私，则不属于知情权的范围。

《劳动合同法》第十条规定："建立劳动关系，应当订立书面劳动合同。已建立劳动关系，未同时订立书面劳动合同的，应当自用工之日起一个月内订立书面劳动合同。"

《劳动合同法》第八十二条规定："用人单位自用工之日起超过一个月不满一年未与劳动者订立书面劳动合同的，应当向劳动者每月支付两倍的工资。"

用人单位自用工之日起满一年不与劳动者订立书面劳动合同的，视为用人单位与劳动者已订立无固定期限劳动合同。

《劳动合同法》中有禁止设定担保和收取抵押金的规定。也就是说，用人单位招聘劳动者时，不得让劳动者提供担保，或者缴纳抵押金。

根据《劳动合同法》的规定，劳动合同的必备内容或条款有以下八个方面：

（1）用人单位的名称、住所和法定代表人或者主要负责人。为了明确劳动合同中用人单位一方的主体资格，确定劳动合同的当事人，《劳动合同法》要求，劳动合同中必须具备这一项内容。

（2）劳动者的姓名、住址和居民身份证或者其他有效证件号码。为了明确劳动合同中劳动者一方的主体资格，确定劳动合同的当事人，《劳动合同法》要求，劳动合同中必须具备这一项内容。

（3）劳动合同期限。劳动合同期限是双方当事人相互享有权利、履行义务的时间界限，即劳动合同的有效期限。劳动合同期限主要分为有固定期限、无固定期限和以完成一定工作任务为期限三种。

（4）工作内容和工作地点。工作内容，主要包括劳动者的工种和岗位、该岗位应完成的生产（工作）任务。

（5）工作时间和休息休假。《劳动法》第38条规定："用人单位应当保证劳动者每周至少休息一日。"第四十条规定：用人单位在下列节日期间应当依法安排劳动者休假：元旦，春节,国际劳动节,国庆节,法律、法规规定的其他休假节日。第四十五条规定:"国家实行带薪年休假制度。劳动者连续工作一年以上的,享受带薪年休假。具体办法由国务院规定。"

(6) 劳动报酬。劳动报酬一般包括以下几个方面:工资标准,奖金,津贴、补贴标准,加班、加点工资,病假工资,特殊情况下的工资,工资支付办法。明确劳动者的工资、奖金和津贴的数额或计发办法是很重要的。

(7) 社会保险。我国的社会保险目前包括医疗保险、养老保险、失业保险、工伤保险和生育保险。

(8) 劳动保护、劳动条件和职业危害防护。劳动保护,是指用人单位为了防止劳动过程中的事故,减少职业危害。

根据《劳动合同法》第十七条第二款规定:"劳动合同除前款规定的必备条款外,用人单位与劳动者可以约定试用期、培训、保守秘密、补充保险和福利待遇等其他事项。"劳动合同期限一年以上不满三年的,试用期不得超过两个月,用人单位对工作岗位没有发生变化的同一劳动者只能试用一次,同一用人单位与同一劳动者只能约定一次试用期。

《劳动合同法》第二十条规定:劳动者在试用期的工资不得低于本单位相同岗位最低档工资或者劳动合同约定工资的百分之八十,并不得低于用人单位所在地的最低工资标准。

在《培训协议》中,用人单位与劳动者要依法约定违约金。用人单位与劳动者约定违约金时不得违法,即约定违反服务期违约金的数额不得超过用人单位提供的培训费用。劳动者违约时,其所支付的违约金不得超过服务期尚未履行部分所应分摊的培训费用。

现实中,用人单位在处理员工承担培训费的问题上,应当特别注意以下两个问题:

(1) 对于用人单位内部所开展的没有货币支付凭证,也无劳动合同或培训合同约定须赔偿的岗前培训、轮岗培训等内部培训所支付的相关费用,即使是劳动者违约解除劳动合同也无须赔偿相关培训费用。

(2) 员工在服务期内提前解除劳动合同,用人单位要求员工支付违约金时,违约金的数额不得超过用人单位提供的培训费用。如果劳动者是履行了一部分服务期后离开的,用人单位要求劳动者支付的违约金不得超过服务期尚未履行部分所应分摊的培训费用。

所谓竞业限制,是指为防止商业秘密在同行业间的泄露,用人单位与掌握商业秘密的员工通过竞业限制协议约定,员工在离职后一定期限内,不得自己生产与原单位有竞争关系的同类产品或经营同类业务,也不得到生产同类产品或经营同类业务且具有竞争关系的其他单位任职,用人单位将给予员工一定的经济补偿。对于不同类型和性质的商业秘密,其竞业限制期限可以不同,但不能超过法律规定的最长期限两年。

除用人单位为劳动者提供专项培训费用进行专业技术培训和在合同中约定竞业限制条款且员工在离职后企业依约支付了竞业限制补偿这两种情形以外,用人单位不得与劳动者约定由劳动者承担违约金。

事实上,薪酬可以划分为两类:外在的与内在的。外在报酬主要指企业提供的金钱、津贴和晋升机会;而内在报酬则是来自于工作任务本身,如对工作的胜任感、成就感、责任感、受重视、有影响力、个人成长和富有价值的贡献等。

第十四条规定,职工有下列情形之一的,应当认定为工伤:

(1) 在工作时间和工作场所内,因工作原因受到事故伤害的。

（2）工作时间前后在工作场所内，从事与工作有关的预备性或者收尾性工作受到事故伤害的。

（3）在工作时间和工作场所内，因履行工作职责受到暴力等意外伤害的。

（4）患职业病的。

（5）因工外出期间，由于工作原因受到伤害或者发生事故下落不明的。

（6）在上下班途中，受到机动车事故伤害的。

（7）法律、行政法规规定应当认定为工伤的其他情形。

劳动合同被确认无效，劳动者已付出劳动的，用人单位应当向劳动者支付劳动报酬。劳动报酬的数额，参照本单位相同或者相近岗位劳动者的劳动报酬确定。

三、合同法注意事项

合同是民事交往中最基本的法律文书，与每一个民事主体都息息相关，是确定民事主体间权利、义务的基本法律文件，不仅可以保障民事活动顺利、安全地进行，更能在发生纠纷时及时、妥善地解决双方纠纷，把损失减少到最小！对于小企业，由于本身经济实力不够强大，在经营过程中对于合同的签订和法律保护尤为重要。

与合同有关的法律关系包括以下三个重要阶段：① 合同的订立；② 合同的执行；③ 合同纠纷的解决。

合同的订立是合同关系中最基础的，是决定今后执行中所有问题的阶段，因此最重要！下面将详细介绍合同的订立方面的知识。

1. 合同相对方的资格审查

资格审查也就是审查合同相对方的民事权利能力和民事行为能力（《合同法》第九条：当事人订立合同，应当具有相应的民事权利能力和民事行为能力。当事人依法可以委托代理人订立合同）。对单位就是审查对方是否有从事相关经营的资格、资质、履约能力和信用等级等；对公民就是公民是否属于限制行为能力人、无行为能力人、是否对合同标的有处分权。可要求对方提供相应的证明文件并在所提供的文件上签名盖章确保真实，文件包括：营业执照复印件、资质证明、授权委托书，详细记录其身份证号码、住址（地址）、电话等。对于标的额较大的合同应派人进行落实，基础工作做好可以很大限度地减少纠纷。

如对方是单位的要特别注意对方签合同的工作人员是否有单位的授权，要保存好对方的授权委托书。

2. 合同形式的选择

《合同法》第十条：当事人订立合同，有书面形式、口头形式和其他形式。法律、行政法规规定采用书面形式的，应当采用书面形式。第十一条：书面形式是指合同书、信件和数据电文（包括电报、电传、传真、电子数据交换和电子邮件）等可以有形地表现所载内容的形式。因此以上都属于合同的组成部分。但最好在一份合同中表示清楚、完备，以免附件太多导致前后出现歧义。如果需要在执行中分批签订合同，应在每次签订合同或形成新文件（如电报、电传、传真、电子数据交换和电子邮件、信件）后及时对照以前的文件，如发现有变化或文字表述有歧义，应及时提出达成一致、补签合同。

对于执行期限较长并不断形成新文件的合同，应每隔一段时间或每完成一个阶段在下一阶段开始之前签订备忘录作为一个阶段的总结，及时明确合同内容。

对于时间紧迫达成的口头协议应在事后补签合同，避免出现纠纷。如双方身处异地可考虑录音或传真固定证据。总之"口说无凭、立字为据"是合同形式的基本原则。

3. 合同条款

《合同法》第十二条：合同的内容由当事人约定，一般包括以下条款：

（1）当事人的名称或者姓名和住所；

（2）标的；

（3）数量；

（4）质量价款或者报酬；

（5）履行期限、地点和方式；

（6）违约责任；

（7）解决争议的方法。

当事人可以参照各类合同的示范文本订立合同。

以上是合同的基本条款，但并不是说缺少其一合同就不生效，如缺少会给合同履行带来一定的麻烦，因此应结合合同的目的定得全面、清晰、准确。如有些事情一时不能定下来，应约定协商的原则、办法、日期和协商不成的解决办法。

对于每项条款应表述明确，以没有歧义为标准，不要怕烦琐，要具体到不能再具体、不能再用其他文字补充时为最佳。

4. 合同签订

签订合同时应首先检查相对方的身份，重点是有无代表企业或他人签订合同的资格。凡不是代表本人的一定要有授权委托书，代表企业的还要加盖公章（不能用部门或财务章等代替，否则一旦发生纠纷会带来举证上的麻烦）。授权委托书上应记明授权范围、权限并有授权人的签名、盖章。签名、盖章应清晰可见，合同文本有修改的应在修改处盖章注明并保持双方存留合同文字内容的一致性。

合同签订后，应将合同正式文本复印若干份，将原件存档，平时应尽量用复印件，以免造成原件丢失带来举证麻烦。

以上几点是合同订立过程中应注意的重点，当然还有很多问题没有提到，但每个小问题一旦进入法律程序就会带来很多争议，就会带来控辩双方激烈的争论，所以无法在此详述，更因为如此才要在订立合同时多斟酌、细思考。

项目小结

作为企业法人，你将负有法律责任。企业的类型和法律形态将决定企业的形式和性质。法律责任包括纳税、遵守有关雇工的法规，获得营业执照和经营许可证，尊重消费者的权益、保护环境等。

市场经济是法制经济，企业的所有经营活动都离不开法律的调整和规范。随着经济全球化的加快，市场竞争越发地激烈，企业面临的法律风险也越大。一个成功的企业家可以没有法律知识，但不能没有法律意识。只有具备法律意识的企业家才能够意识到法律风险的存在，才能意识到法律风险的可怕性与毁灭性。

中国的企业家，大部分都是在公司出现纠纷以后，才想到了律师，殊不知，当纠纷出现时再找律师，那只能是亡羊补牢，此时的律师只能做些补救措施，而此时企业付出的代价却是极其昂贵的、惨痛的！

　　企业的法律风险具有潜伏性、隐蔽性，只有专业的法律人员才能识别、防范。企业的法律风险存在于企业设立、运营、终止的整个过程中，无论哪个环节出现问题，都可能给企业、投资人、管理者带来毁灭性的打击。企业法律风险并不可怕，可怕的是作为企业家不去重视它、防范它。如果任其滋生、发展，一旦遇到外因就有可能导致法律危机的发生，甚至是法律危机的大爆发。

　　经济在发展，法律在完善，我们的企业家们也应与时俱进，进一步解放思想，转变观念，对法律风险认识要从"救火提高到防火"；从依法维权意识提升到依法治企意识！

　　作为一个创业者，想成为一个成功的企业家，想让自己的企业发展壮大，健康茁壮成长，就应当提升自己的法律风险防范意识，防微杜渐，未雨绸缪，防患于未然，建立起法律防火墙，将法律风险消灭在萌芽状态，将法律危机杜绝在发展之外！

项目过程考核

确定你的企业的法律责任和保险需要

　　开办企业最重要的一点是要知道自己的责任。借助咨询和查阅有关法律文件，你应该完成以下表格。

法律责任		是否适合你的企业		详细内容	费用/元
		是	否		
税收	流转税（增值税等）				
	所得税（企业所得税）				
	职工预扣（个人所得税）税				
	其他税目				
雇员	最低工资				
	工作时间				
	假日				
	安全卫生				
	病假				
	其他条件				
营业执照和许可证	营业执照				
	许可证				

续表

法律责任		是否适合你的企业		详细内容	费用/元
		是	否		
保险	财产				
	意外损伤				
	医疗				
	其他保险				
合同	供应商				
	中间商				
	用工				
	股东				
	合伙人				
客户	质量保证				
	交货期				
	售后服务				
环境	废气污染				
	废水污染				
	废物污染				
竞争	知识产权				
	商标利用				
	垄断				

项目七

预测启动资金需求

> **知识目标**
> - 了解启动资金各种类型
> - 理解固定资产预测方法
> - 理解流动资金预测方法
>
> **能力目标**
> - 能识别各种类型启动资金
> - 能预测所需固定资产投资
> - 能预测所需流动资金
>
> **关键概念**
>
> 启动资金　固定资产　流动资金

任务1　识别启动资金各种类型

> **任务导入**

赵晨和顾宇的创业故事（二十一）：启动资金需求

赵晨和顾宇觉得计算启动资金需求比较复杂，因此将这项工作分成两步走，先将所需购买的东西分类和列表，下一步再具体计算需要多少钱。

固定资产投资：
（1）电脑。
（2）绣花机。

图7-1 启动资金组成

(3) 缝纫机。
(4) 办公桌椅。
(5) 工具。
(6) 开办费（开业前市场调查费、培训费、技术资料费、注册费、营业执照费）。

流动资金：
(1) 前3个月购买原材料的钱（各色针线、橡塑垫、短毛绒、碳纤维发热片、复合内料）。
(2) 工资。
(3) 前3个月的保险金、水电费、交通费、电话费、办公用品、应酬费。
(4) 第1年的租金。
(5) 不可预见费。

任务布置

任务：赵晨和顾宇的启动资金使用是否合理？

相关知识

一、启动资金的概念

要开办企业，就必须明白：企业开办期间，在企业产生收入之前需要一定数量资金用于各项支出，我们把这部分资金称为启动资金。

所谓启动资金，指用来支付场地（土地和建筑）、办公家具和设备、机器、原材料和商品库存、营业执照和许可证、开业前广告和促销、工资以及水电费、通信费等一系列费用。

二、启动资金的类型

启动资金根据其用途，主要可以分为两大类：

(1) 固定资产资金，指你为企业购买的价值较高、使用寿命长的东西。有的企业用很少的投资就能开办，而有的却需要大量的投资才能启动。比较明智的做法就是把必要的投资降到最低限度，让企业少担些风险。然而，每个企业在开办时总是或多或少需要一些投资。

(2) 流动资金，指维持企业日常运转所需要支出的资金。

能力训练

饼屋店的启动资金识别

陈珊在江东一家饼屋店工作了好几年。饼屋主要制作馅饼和蛋糕。他们的主要客户是居住和生活在附近的人。遇到婚礼和生日等活动，他们也提供送货上门。

陈珊学会了店里各种产品从原材料到成品的制作工艺，也掌握了客户关系方面的很多知识。她的薪水也不错，每月5 000元。

陈珊早就想拥有一家属于自己的饼屋。因此她平时省吃俭用，将节省下来的钱都存进了银行。今年她经过深思熟虑，终于决定从饼屋店辞职自主创业，开一家饼屋店。

她列出了开一家饼屋店所需要的机器设备，比如贵重的设备主要有：电烤箱、和面机、秤、碗、碟、盆、盒子、工具等，桌子、架子等家具，一台能存放三天产品的大冰柜，还需要装修店面，摆上展柜和一些货架、一台收银机。另外她计划为自己隔出一个小的办公室，再隔出一个小的员工休息室，因此需要购置一些家具。陈珊决定去二手市场淘点旧家具。

另外她在江东家乐福附近租下了一个地段和客流均不错的店铺，在进行装修的同时在工商局完成了登记注册，店铺里的水、电、电话等都进行了重新接通，并且为房屋购买了保险。

在用人方面，她选好了所需的员工——两名工作间女工和一名年轻的学徒，等执照一办下来就把他们请来。

由于饼屋需要外卖业务，因此陈珊还需要购买一辆二手车，聘请一位司机，并且为车辆上交强险。

正式开业前，陈珊打算做些广告宣传工作，需要广告公司制作完成。

问题：

1. 请分析陈珊开这间饼屋店所需的固定资产和流动资金包括哪些？

固定资产	流动资金

2. 你认为陈珊的启动资金分布是否合理？请述理由。

任务2　预测所需固定资产投资

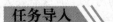

赵晨和顾宇的创业故事（二十二）：预测固定资产投资

经过仔细计算，赵晨和顾宇发现，开办企业所需的固定资产投资还真不少！

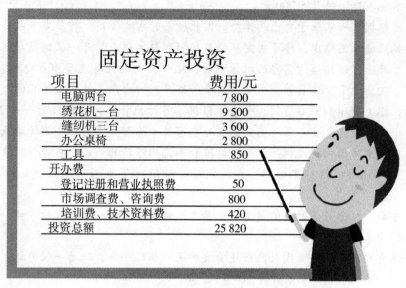

图 7-2　赵晨项目固定资产投资

任务布置

任务：分析赵晨和顾宇降低固定资产投资的各种可能途径。

相关知识

固定资产是指企业使用期限超过 1 年的房屋、建筑物、机器、机械、运输工具以及其他与生产、经营有关的设备、器具、工具等。不属于生产经营主要设备的物品，单位价值在 2 000 元以上，并且使用年限超过 2 年的，也应当作为固定资产。固定资产是企业的劳动手段，也是企业赖以生产经营的主要资产。

因此固定资产一般可以分为两类：

（1）企业用地和建筑。

（2）设备。

1. 企业用地和建筑

办企业或开公司，都需要有适用的场地和建筑。也许是用来开工厂的整个建筑，也许只是一个小工作间，也许只需要租一个铺面。如果你能在家开始工作，就能降低投资。

当你清楚了需要什么样的场地建造时，要做出以下选择：

（1）造新的建筑。

（2）买现成的建筑。

（3）租一栋楼或其中的一部分在家开业。

造房——如果你的企业对场地和建筑有特殊要求，最好造自己的房子，但这需要大量的资金和时间。

买房——如果你能在优越的地点找到合适的建筑，则买现成建筑既简便又快捷。但现成的房子往往需要经过改造才能适合企业的需要，而且需要花大量的资金。

租房——租房比造房和买房所需要启动资金要少，这样做也更灵活。如果是租房，当你需要改变企业地点时，就会容易得多。不过租房不像自己有房那么稳定，而且你也得花些钱进行装修才能适用。

在家开业——在家开业最便宜，但即使这样也少不了要做些调整。在你确定你的企业是否成功之前，在家开业是起步的好办法，待企业成功后再租房和买房也不晚。但在家工作，业务和生活难免互相干扰。

2. 设备

设备是指你的企业需要的所有机器、工具、工作设施、车辆、办公家具等。对于制造商和一些服务行业，最大的需要往往是设备。一些企业需要在设备上大量投资，因此了解清楚需要什么设备，以及选择正确的设备类型就显得非常重要。即便是只需少量设备的企业，也要慎重考虑你确定需要哪些设备，并把它们写入创业计划。

能力训练

饼屋店的固定资产投资

经过一番忙活，陈珊的饼屋店终于正式开业了。陈珊拿出记账本，发现从正式决定开饼屋店的那天起，她总共花了以下这些钱：

电烤箱	3 500 元
和面机	1 000 元
秤	400 元
碗、碟、盆、工具等	800 元
桌子、架子	2 500 元
大冰柜	4 000 元
店面装修	30 000 元
收银机	4 000 元
二手家具	4 000 元
租金	4 000 元/月
登记注册费	500 元
水、电、网络接通费	1 500 元
房屋保险费	800 元/年
二手车	35 000 元
车辆保险费	3 000 元/年
广告费	2 500 元

另外，员工每月的工资为 4 000 元，司机每月的工资为 5 000 元，生产一周的原材料费为 10 000 元，其他成本如水、电、电话、汽车用油等估计得 1 000 元。为确保生产顺利进行，陈珊计划开始的时候备够了两周生产用的原材料。

设备折旧每月 800 元，设备维护费每月平均 150 元。

问题：
陈珊的屋饼店在固定资产上需要投入多少？

任务 3　预测所需流动资金

任务导入

赵晨和顾宇的创业故事（二十三）：流动资金需求

赵晨和顾宇估计，至少得 3 个月的时间才能达到收支平衡，因此他们至少得准备一个季度企业运转所需的资金。他们俩在这 3 个月里不领工资但把工资计入成本。

图 7-3 是他们为头 3 个月计算出来的流动资金需求：

图 7-3　头 3 个月的流动资金需求

算出来的流动资金总额是 90 300 元。那么他们开办企业所需要的启动资金总额＝启动投资＋流动资金总额＝25 820＋90 300＝116 120 元，这个数额远远超出了他们能投入的 60 000 元，那么这个企业还开得起来吗？

任务布置

任务 1：流动资金的计算方法是否准确？

任务 2：赵晨和顾宇凭 6 万元启动资金能否开办这个企业？

相关知识

你的企业开张后要运转一段时间才能有销售收入。制造商在销售之前必须先把产品生产出来；服务企业在开始提供服务之前要买材料和用品；零售商和批发商在卖货之前必须先买货。所有企业在揽来顾客之前必须先花时间和费用进行促销。总之，你需要流动资金支付以下开销：

(1) 购买并储存原材料和成品。

(2) 促销。

(3) 工资。

(4) 租金。

(5) 保险。

(6) 其他费用。

有的企业需要足够的资金来支付 6 个月的全部费用，也有的企业只需要支付 3 个月的费用。你必须预测，在获得销售收入之前，你的企业能够支撑多久。一般而言，刚开始的时候销售并不顺利，因此，你的流动资金要计划富裕些。

1. 原材料和成品储存

制造商生产产品需要原材料；服务行业的经营者也需要些材料；零售商和批发商需要储存商品来出售。你预测的库存越多，你需要用于采购的流动资金就越大。既然购买存货需要资金，你就应该将库存降到最低限度。

如果你是个制造商，你必须预测你的生产需要多少原材料库存，这样你可以计算出在获得销售收入之前你需要多少流动资金；如果你是一个服务商，你必须预测在顾客付款之前，你提供服务需要多少材料库存；如果你是零售商或批发商，你必须预测在开始营业之前，需要多少商品存货。

记住：如果你的企业允许赊账，资金回收的时间就更长，你需要动用流动资金再次充实库存。

2. 促销

新企业开张，需要开展促销活动推销自己的商品或服务，而促销活动需要流动资金。

3. 工资

如果你雇用员工，在起步阶段你就得给他们付工资。你还要以工资方式支付自己家庭的生活费用。计算流动资金时，要计算用于发工资的钱，通过用每月工资总额乘以还没达到收支平衡的月数就可以计算出来。

4. 租金

正常情况下，企业一开始运转就要支付企业用地、用房的租金。计算流动资金里用于房租的金额，用月租金额乘以还没达到收支平衡的月数就可以得出来。而且，你还要考虑到租金可能一付就是3个月或6个月，会占用更多的流动资金。

5. 保险

同样，企业一开始运转，就必须投保并支付所有的保险费，这也需要流动资金。

6. 其他费用

在企业起步阶段，还要支付一些其他费用，例如电费、办公用品费、交通费等。

能力训练

饼屋店的流动资金

经过一番忙活，陈珊的饼屋店终于正式开业了。陈珊拿出记账本，发现从正式决定开饼屋店的那天起，她总共花了以下这些钱：

电烤箱	3 500 元
和面机	1 000 元
秤	100 元
碗、碟、盆、工具等	400 元
桌子、架子	1 100 元
大冰柜	1 500 元
装修店面	5 000 元
收银机	1 250 元
二手家具	500 元
租金	2 000 元/月
登记注册费	500 元
水、电、电话接通	1 500 元
房屋保险费	500 元/年
二手车	8 000 元
车辆保险费	1 000 元/年
广告费	200 元/月

另外，员工每月的工资为2 800元，司机每月的工资为2 500元，生产一周的原材料费为5 000元，其他成本如水、电、电话、汽车用油等估计得2 500元。为确保生产顺利进行，陈珊计划开始的时候备够两周生产用的原材料。设备折旧每月500元，设备维护费每月平均30元。

陈珊估计，至少需要6个月，她的饼屋店才会实现收支平衡。

问题：
请你计算一下陈珊开办屋饼店需要多少钱？

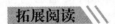

创业需要多少启动资金呢？

你已经准备好创立一家新企业了吗？在起步之前，你需要知道究竟创业需要多少启动资金？你可能有一个粗略地估计，但这还不够详细，无法支撑你制作一套可行的商业计划书，并推动你的企业真正开始起步。

准确地衡量你需要多少资本，是成功的关键。如果低估了需求，那么在企业开始盈利之前，你可能就已经用光了运营资金。而过高的预测成本，使你又可能永远都无法筹集到足够的资金以起步。

无论你的启动费用为 5 000 元或是 500 000 元，你都需要一个确切的数字。你面临的挑战是寻找到具有可信性和可靠性的信息。好消息是：你可以获得一些真实的数据，再加上从各种渠道得来的宝贵见解。你可以从下面七个渠道获得一些建议。

1. 正在运营公司的人

如果有些创业者与你正打算创立的企业经营着类似业务，他们应该是你获取创业成本信息的好渠道，专注于中小企业的咨询公司管理分析集团的创始人斯蒂芬·贝茨说。当然，你未来的竞争对手可能会不愿意为你提供帮助，但在你所处地区以外的创业者往往愿意帮助你。

2. 供应商渠道

供应商是研究创业启动成本的另一个好资源。"打电话，告诉对方自己正在研究某一地区的成本，因为你打算创业。通常来说，他们是非常欢迎你的，因为你未来可能会成为他们的客户。"美国南加州大学创业中心的凯瑟琳·艾伦教授这样表示。

但是，艾伦也警告，不要过度依赖你最初联系的那些供应商，"可以多做一些比较。"她建议道，"这可能会给你的启动成本带来明显的差异。"询问供应商是否有设备租赁业务、大宗购买的折扣、各种信用付款条件、打包购买的优惠和其他服务选项，这些都可能会降低你的前期成本。

3. 贸易协会

"与公司业主和供应商一样，行业协会也是一个极好的来源，因为这是你直接面对的特定细分市场。"艾伦说。根据不同的行业，贸易协会可以给你提供一些创业启动成本的工作表和财务报表，以及该行业的创业者和供应商信息，市场调研数据和其他有用的信息。供应商协会也是好的资源。

4. 创业指南

从一些独立的出版机构和一些行业协会都可以得到创业指南。这些指南会成为研究创业成本的好资源，特别是在成熟的产业中。当然要确保你获得的指南没有过时，而且还要考虑到全国各地在成本上有很大的差别。当你在阅读时，要寻找那些可以帮助你降低开办成本的提示和建议。

5. 特许经营组织

如果你想购买特许经营权，特许授权人会给你大量关于启动公司的数据。不要认为这些数字是绝对的，因为成本也取决于你所处的位置。"根据你自己的情况，测算特许人给你的数据。"贝茨建议道。还可以打电话给现有的特许加盟者，询问他们的实际成本，看看与特许人提供的预测数字差距有多大。

6. 与创业起步相关的文章

报纸和杂志上的文章很少会逐项地告诉你在某个地区、特定行业的创业成本。然而，通过这些文章还是可以粗略估计出总的运营成本，并帮助你逐项列出将需要调研的成本项目。要始终使用可靠的消息来源。请别忘记关注你所在行业的杂志，上面会有关于供应商、成本和行业趋势等信息。

7. 商业咨询顾问

合格的商业咨询顾问可以为你在创业启动成本上提供很好的咨询意见，他们甚至还做了很多适合你的调研。咨询顾问们还可以帮助你将自己的调研转化为有用的财务预测和假设。

如果你决定找一名咨询顾问，那么要找一个熟悉你所在行业、并且在服务初创公司、创立公司方面很有经验的人。

单一的渠道来源可能无法告诉你，创立一家新的企业究竟具体需要多少成本，但只要坚定地努力研究，这些数字最终会呈现在你眼前。艾伦建议通过这样一个过程来计算，也就是所谓的"三角测量"，其中三个点分别对应一个数字，"你将权衡三个数字的价值，最后找出一个你认为准确的数字。"

认真的调研最终会告诉你，你的经营理念在财务上是否可行，并建议你如何提高自己的成功机会。一旦你调查出了公司的启动成本，并制订了健全的商业计划，基于这些数字，你就已经做好一切准备了。

项目小结

要开办企业，就必须明白：企业开办期间，在企业产生收入之前需要一定数量资金用于各项支出，具体包括固定资产和流动资金。要充分估计创业所需的资金，在计算所需投资资金的时候，需要考虑营运资金周转的问题，把营业资金的使用时间算长一些，不要计算得过于乐观。

项目过程考核

计算你的企业的启动资金

1. 工具和设备

根据预测的销售量，假设达到100%的生产能力，企业需要购买以下设备：

名称	数量	单价	总费用/元

2. 交通工具

根据交通及营销活动的需要，拟购置以下交通工具：

名称	数量	单价	总费用/元

3. 办公需要以下设备

名称	数量	单价	总费用/元

4. 固定资产概要

项目	价值/元
工具和设备	
交通工具	
办公家具和设备	

续表

项目	价值/元
店铺	
厂房	
土地	
合计	

5. 流动资金（月）

（1）原材料和包装：

项目	数量	单价	总费用/元

（2）其他经营费用（不包括折旧费和贷款利息）：

项目	费用/元	备注
创业者的工资		
雇员工资		
租金		
营销费用		
公用事业费		
维修费		
保险费		
登记注册费		
其他		
合计		

项目八

制订利润计划

知识目标

- 熟悉销售价格制订方法
- 熟悉销售和成本计划制订方法
- 熟悉现金流量计划制订方法
- 了解银行贷款申请流程和规定

能力目标

- 能制定产品或服务的销售价格
- 能制订销售和成本计划
- 能制订现金流量计划
- 能设计创业所需资金的筹集方案

关键概念

销售　成本　现金流量　筹资

任务1　制订销售和成本计划

任务导入

赵晨和顾宇的创业故事（二十四）：销售和成本计划

作为企业的财务经理，王彬要预测出产品的单位成本，以便产品定价。这是一项很重要的任务，所以王彬不敢懈怠，花了大量的时间进行各种原材料的价格比对，同时对别人的产品成本进行分析比较，经计算，王彬得出一个月生产10 000件产品的总成本如表8-1所示。

表 8-1　王彬一个月生产 10 000 件产品的总成本

项目	费用（元）
橡塑垫	11 500
短毛绒	10 000
电脑绣花	5 300
碳纤维发热片	13 000
加工费	6 500
包边工艺	1 000
包装	1 000
复合内料	3 000
管理费用	5 200
损耗	3 000
总计	59 500

这样，每件暖手鼠标垫单位成本=当月总成本/产量=59 500/10 000=5.95（元）。

王彬将单位成本报赵晨和顾宇。赵晨和顾宇经讨论决定按成本加利润57%的办法制定销售价。

因此含增值税的出厂单价=5.95×(1+57%)×(1+6%)=9.9（元）。

根据这个出厂单价，王彬制作了前六个月的销售和成本计划表，见表8-2。

表 8-2　王彬制作的前六个月的销售和成本计划表

	金额（元）　月份　项目	1	2	3	4	5	6	合计
销售	收入	49 500	69 300	79 200	99 000	103 950	108 900	509 850
	增值税	2 970	4 158	4 752	5 940	6 237	6 534	30 591
	销售净收入	46 530	65 142	74 448	93 060	97 713	102 366	479 259
成本	原材料	29 750	41 650	47 600	59 500	62 475	65 450	306 425
	工资	10 000	10 000	10 000	10 000	10 000	10 000	60 000
	租金	2 917	2 917	2 917	2 917	2 917	2 917	17 502
	营销	350	350	350	350	350	350	2 100
	保险	125	125	125	125	125	125	750
	维修	300	300	300	300	300	300	1 800
	电费、电话费	850	850	850	850	850	850	5 100
	折旧和摊销	3 500	3 500	3 500	3 500	3 500	3 500	3 500
	总成本	47 792	59 692	65 642	77 542	80 517	83 492	397 177
利润		−1 262	5 450	8 806	15 518	17 196	18 874	82 082

赵晨和顾宇很高兴,看来从第二个月开始企业就有了利润。

任务布置

任务1:赵晨和顾宇制定的产品单价是否合理?

任务2:根据半年的销售和成本计划,尝试制作半年的损益表。

相关知识

一、制定销售价格

在确定产品价格之前,要计算出你为顾客提供产品或服务所生产的成本。每个企业都会有成本。作为业主,你必须详细了解经营企业的成本。

很多小企业和大企业因为没有能力控制好企业的经营成本而陷入财务困境。一旦成本大于收入,就会导致亏损,乃至于破产。

制定价格主要有两种方法:

(1)成本加价法。将制作产品或提供服务的全部费用加起来,就是成本价格。在成本价格上加一个利润百分比得出的是销售价格。

(2)竞争价格法。在定价时,除了从成本考虑外,你还要了解一下当地同类产品或服务的价格,以保证你的定价具有竞争力。如果你定的价格比竞争者的高,你要保证你能更好地满足顾客的需要。

1. 成本加价法

将制作产品或提供服务的成本加起来,得出总成本,然后再加上一个利润百分比得出销售价格。这种方法尤其适用于制造商和服务商。

如果你的企业经营有效,成本不高,用这种方法制定的销售价格在当地应该是具有竞争力的。但是,如果你的企业经营不好,你的成本可能会比竞争者的高,这意味着你用成本加价法制定的价格会太高,而不具有竞争力。

怎样具体地计算成本价格呢?

(1)你要了解自己生产产品或提供服务的成本构成。

(2)你要了解固定资产折旧也是一种成本。

(3)计算出单位产品的成本价格。

了解自己的成本构成:

对于一个新企业来说,预测成本绝不是一件容易的事。最好的方法是参照一家同类企业,了解一下该企业计入了哪些成本。当你在项目七中预测你的企业启动资金时,你已经对这些成本有所了解。

表8-3所列是企业常见的成本项目:

表8-3 企业常见的成本项目

材料费	工资和职工福利
办公用品	广告费
租金	法律和会计事务

续表

材料费	工资和职工福利
水、电、气费	燃料费
维修费	折旧费
银行收费	电话费
保险费	营业执照费

所有企业都有两种成本。有些成本是不变的，比如租金、保险费和营业执照费，这些成本叫做固定成本。另外一些成本会随着生产或销售的起伏而变化，如材料成本。这些成本是可变成本。

对于制造商或服务商来说，可变成本就是制造产品或提供服务的成本。例如，一个面包师要购买诸如面粉、酵母和牛奶等原料做面包；一个零售商要买进用于再出售的产品；一家食品店要买存货，如大米和饼干等。

预测成本时，你必须认真区分可变成本和固定成本。你的材料成本永远属于可变成本。如果还有其他可变成本，你必须知道这些成本是怎样随着销售的增长而变化的。

2. 竞争价格法

这是确定价格的另外一种方法。参照竞争对手的价格，看看你定的价格与他们的相比是不是有竞争力。

实际上可以同时用成本加价法和竞争价格法这两种方法来制定价格。一方面，你要严格核算产品成本，保证定价高于成本。另一方面，你应随时观察竞争者的价格，并与之比较，以保持你的价格有竞争力。

记住：要比较同类价格。例如，不要拿制造商的销售价和商店的零售价进行比较。

在制定销售价格时，有一件事对你来说可能是难以预料的，即你的竞争对手对你这家新生企业的反应。有时，当一家新企业进入市场时，竞争对手的反应是很激烈的。他们也许会压低价格，使新企业难以立足。所以即使你的企业计划做得很完备，也总会面临一些意外的风险。

二、固定资产的折旧

固定资产在使用过程中对因损耗而转移到产品中去的那部分价值的补偿，叫作折旧。折旧是一种特殊成本，这虽然不是企业的现金支出，但仍然是一种成本。

折旧的计算方法主要有年限平均法、工作量法等；固定资产在物质形式上进行替换，在价值形式上进行补偿，就是更新；此外，还有固定资产的维持和修理等。

固定资产净残值是指固定资产使用期满后，残余的价值减除应支付的固定资产清理费用后的那部分价值。固定资产净残值属于固定资产的不转移价值，不应计入成本、费用中去。在计算固定资产折旧时，采取预估的方法，从固定资产原值中扣除，到固定资产报废时直接回收。固定资产净残值占固定资产原值的比例一般在5%~10%。

年限平均法：

年限平均法，又称直线法，是指将固定资产的应计折旧额均衡地分摊到固定资产预计使用寿命内的一种方法。采用这种方法计算的每期折旧额均相等。计算公式如下：

年折旧率＝（1-预计净残值率）÷预计使用寿命（年）×100%
月折旧率＝年折旧率÷12
月折旧额＝固定资产原价×月折旧率

根据中国的税法，表8-4中所列的折旧率适用于大多数小企业。

表8-4 折旧率

固定资产类型	每年折旧率
工具和设备	20%
机动车辆	10%
办公家具	20%
店铺	5%
工厂建筑	20%
土地	无

能力训练

饼屋店的销售和成本计划

利用上一项目中陈珊的饼屋店的成本信息和下面介绍的销售收入预测，来完成陈珊的销售和成本计划。

月份 销售情况 项目	1	2	3	4	5	6
销售数量（个）	2 700	2 800	3 200	3 500	3 700	4 000
平均单价（元）	10	10	10	10	10	10
月销售额（元）	27 000	28 000	32 000	35 000	37 000	40 000

销售和成本计划

月份 金额（元） 项目	1	2	3	4	5
销售收入					

续表

项目 \ 金额（元） \ 月份		1	2	3	4	5
成本	原材料					
	工资					
	办公费					
	广告费					
	折旧费					
	维修费					
	保险费					
	登记注册费					
	总成本					
利润（税前）						

任务2　制订现金流量计划

任务导入

赵晨和顾宇的创业故事（二十五）：现金流量计划

赵晨和顾宇制订了现金流量计划表，见表8-5。

表8-5　现金流量计划表

项目 \ 金额（元） \ 月份		1	2	3	4	5	6	合计
现金流入	月初现金	0	33 955	49 980	69 955	97 830	127 680	379 400
	现金销售	49 500	69 300	79 200	99 000	103 950	108 900	509 850
	赊账销售	0	0	0	0	0	0	0
	销售总收入	49 500	69 300	79 200	99 000	103 950	108 900	509 850
	贷款	0	0	0	0	0	0	0
	业主投资	60 000	—	—	—	—	—	60 000
	可支配现金	109 500	103 255	129 180	168 955	201 780	236 580	949 250

续表

金额（元）\月份\项目		1	2	3	4	5	6	合计
现金流出	现金采购	29 750	41 650	47 600	59 500	62 475	65 450	306 425
	赊账采购	0	0	0	0	0	0	0
	工资	—	10 000	10 000	10 000	10 000	10 000	50 000
	租金	17 500	—	—	—	—	—	17 500
	营销费用	350	350	350	350	350	350	2 100
	保险费	125	125	125	125	125	125	750
	维修费	300	300	300	300	300	300	1 800
	电费、电话费	850	850	850	850	850	850	5 100
	设备购买	23 700	—	—	—	—	—	23 700
	工具	850						850
	开办费	1 270						1 270
	现金总支出	75 545	53 275	59 225	71 125	74 100	77 075	410 345
月底现金		33 955	49 980	69 955	97 830	127 680	159 505	538 905

现金流量表显示，赵晨和顾宇的企业运行良好，之前所担心的启动资金不够看来是杞人忧天了。

任务布置

任务1：为何赵晨和顾宇的企业能有不错的现金流量？

任务2：为何现代企业越来越重视现金流量表？

相关知识

现金流量是现代理财学中的一个重要概念，是指企业在一定会计期间按照现金收付实现制，通过一定经济活动（包括经营活动、投资活动、筹资活动和非经常性项目）而产生的现金流入、现金流出及其总量情况的总称。

现金就像是使企业这台发动机运转的燃料，有些企业由于缺乏管理现金流量的能力，导致企业经营中途抛锚。现金流量计划显示每个月预计会有多少现金流入和流出企业。预测现金流量计划将帮助企业保持充足的动力，使企业在任何时候都不会出现现金短缺的威胁。

在大多数企业中，每天都要收取和支付现金，成功的企业主都要制订现金流量计划。当然，制订现金流量计划绝非易事，下列原因会为制订现金流量计划带来困难：

（1）有些销售需要赊账，赊销通常在几个月后才能收回现金。当你在制订市场营销计划时，你已经决定了赊销政策，现在，你要考虑到这个因素。

(2) 有时企业采购会赊账,以后再付现金,这也会使现金流量计划的制订变得更加复杂。但赊购对于一个新企业而言不太可能,因而也就不太常见。

(3) 企业的某些费用是"非现金"的,如设备折旧这样的项目将不包括在现金流量计划里。但是,当设备折旧期一过,就可能丧失功能,你必须用现金购买新设备。如果你没有考虑到这个因素,备足现金,将会给你的企业正常运营带来麻烦。

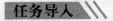

金银首饰加工店的现金流量计划

饶真榕计划在慈溪开办一家金银首饰加工店。她为生意的前6个月准备了现金流量计划表,见表8-6。请考虑一下这个现金流量计划并回答以下问题:

(1) 4月份流入企业的现金总量是多少?
(2) 5月份流出企业的现金总量是多少?
(3) 饶真榕期望在几月份购买新设备?
(4) 你认为饶真榕实际需要多少钱来开办她的企业?

表8-6 现金流量计划表

金额(元)项目		月份 1	2	3	4	5
现金流入	月初现金	1 500	250	250	3 000	855
	现金销售收入	1 250	2 250	3 750	4 250	4 250
	其他现金收入	0	0	1 450	0	0
	可支配现金	2 750	2 500	5 450	7 250	5 105
现金流出	现金采购支出	1 800	1 550	1 750	1 850	1 850
	工资	450	450	450	545	545
	办公开支	250	250	250	250	250
	购买设备	0	0	0	3 750	0
	其他现金支出	0	0	0	0	0
	现金总支出	2 500	2 500	2 450	6 395	2 645
月底现金		250	250	3 000	855	2 460

任务3 筹集创业所需资金

任务导入

赵晨和顾宇的创业故事(二十六):借钱

为了创业,赵晨和顾宇向多方筹集创业所需资金。经过核算,创办一个生产暖手鼠标垫企业的启动资金至少需要15万元,但赵晨和顾宇目前两人的积蓄加起来只有6万出头。看来要想把企业开起来,他们得去借钱。最终赵晨通过父母从二姨父处借得3万元,而顾宇则以自家的房子作抵押,从工商银行处贷款6万元,这样两个人手头的现金就达到了15万元。创业,即刻行动,对他们不再是梦想!

任务布置

任务1:如果你是赵晨和顾宇,你还会想到通过哪些途径借钱?

任务2:除了房产抵押外,赵晨和顾宇还能有其他办法增加银行贷款机会吗?

相关知识

你已经确定了你的企业所需的启动资金额,现在,你要考虑从哪里筹措到这笔资金。对于大多数小企业来说,启动资金来自老板自己的积蓄。不过你可以试试以下渠道:

(1) 从朋友或亲戚处借钱。

(2) 从供货商处赊购。

(3) 信用卡融资。

(4) 从银行或其他金融机构贷款。

筹措启动资金并非易事,获得开办企业的启动资金需要恒心和决心。在开办企业时,你可能需要多试几个不同的渠道来筹措启动资金。有时,你可能要同时从几个渠道筹集足够的费用。

1. 从朋友或亲戚处借钱

从朋友或亲戚处借钱是开办企业最常见的做法。但是,一旦创业失败了,亲戚朋友会因收不回自己的钱而伤了感情。因此,从一开始,你就要向他们说明借钱存在一定的风险,要写好借据及利息。同时为了让他们了解你的企业,你要给他们一份你的创业计划副本,并定期向他们报告创业的进展情况。

2. 从供货商处赊购

在制造业中,可以从供货商那里赊一部分账。不过,这也不容易,因为大多数供货商只有在弄清楚你的企业确实能够运转良好之后,才会为你提供赊账。对初创的小企业而言,这个方法难度比较大。

3. 信用卡融资

信用卡融资是创业小企业一个重要的资金来源。尽管许多人都认为信用卡是非传统的融资渠道,但新企业利用信用卡融通资金的做法已经日益普遍,广为接受。

4. 从银行或金融机构贷款

银行或其他金融机构是正规金融部门,它们在向借款人贷款时有严格的条件和审查程序:

首先,它们通常要求你填写一份借款申请表,并在表后附上你的创业计划。

其次,银行一般需要贷款抵押品或质押品,如私人房产、银行存单、有价证券等。如以私人房产作抵押,还要办理房产价值评估以及公证等手续。而且,银行或金融机构为了降低风险,一般不会按抵押品的实际价值给你贷款。它们通常要确保抵押资产的价值高于你的贷款和利息额。如果你的企业失败了,你将失去这些个人资产。可见,向正规金融部门贷款是不易的。即便是你有抵押品,借贷机构还会提出不同的利率和贷款条件。

在寻找资金开办企业时，为了获得更好的贷款条件，要多了解几个渠道。目前，为了帮助小企业老板创业，国家正在制定各种有关法规和政策，为创业者创造宽松的条件。其中，建立小额贷款信用担保基金和担保体系，就是解决小企业融资难的有效措施。同时，为鼓励下岗失业人员创业，国家还专门建立了为下岗失业人员提供小额贷款的担保基金。你在寻找资金时，也可以寻求这些信用担保体系的帮助。

能力训练

饼屋店的融资计划

陈珊估计每月外卖的销售量占到总销售量的40%，为了让顾客更愿意多地订制外卖，决定外卖采用赊销制，期限为一个月，她知道在第一年里，她的材料供应商不会给她赊货。她现有20 000元现金开办她的饼屋店。她还有一幢价值20万元的房产。请利用你之前学的销售和成本计划知识为陈珊制订一个现金流量计划，并将相关数据填入下表中。

20 000元够不够开办陈珊的饼屋店？如果不够，她还需要多少贷款？

项目 金额（元） 月份		1	2	3	4	5	6
	月初现金						
	现金销售收入						
	其他现金收入						
	可支配现金						
现金流出	现金采购支出						
	工资						
	办公开支						
	购买设备						
	其他现金支出						
	现金总支出						
	月底现金						

> **拓展阅读**

一、成本与费用

成本通常是指生产产品或者提供服务所产生的开支。比如为了生产 A 产品，你买了材料、请了工人，这些开支就是 A 产品的成本。成本在期末是和产品在一起的，产品卖出了，成本也相应结转到本年利润里，否则，成本并不体现在利润表上。

费用则通常与企业的日常经营管理相关，比如销售费用（与销售产品相关）、管理费用（与日常管理相关）、财务费用（与筹资活动相关，比如费用化的贷款利息）。费用在期末都要结转到本年利润里，不论当期生产的产品是否已经卖出。

二、宁波大学生创业优惠政策

对赤手空拳创业的大学毕业生来说，资金无疑是最大的拦路虎。为了帮助大学生实现创业梦想，宁波市政府降低小额担保贷款限制门槛，以减轻高校毕业生在创业资金方面的重担。下面就让我们一起来看看毕业生想贷款创业该如何申请小额担保贷款？

1. 贷款对象及提交资料

只要持有《未就业毕业生登记证》的大学生就可以申请小额担保贷款。提供本人身份证及复印件、户口簿及复印件、失业登记证及复印件、创业项目可行性及效益评估报告书、有关抵（质）押物和第三者担保证明等凭据。

2. 贷款额度

符合条件的宁波生源未就业高校毕业生经创业培训考核合格的，贷款额度可放宽到 8 万元；能提供有效抵（质）押物进行反担保的，贷款额度放宽到 15 万元；3 名以上（含 3 名）毕业生合伙经营解决就业的，贷款额度放宽到最高不超过 25 万元。

3. 贷款期限

小额担保贷款的贷款期限最长不超过 3 年；借款期满，按期还款符合规定条件的，可申请贷款贴息，由当地财政据实给予全额贴息。

4. 申请流程

（1）申请人向户口所在地街道（乡镇）社会保障救助机构提出借款资格认定申请，填写《小额担保贷款资格认定表》，街道（乡镇）社会保障救助机构会在 3 个工作日内完成核定工作。

（2）县（市、区）就业管理服务机构在 2 个工作日内完成资格认定和相关担保、抵（质）押凭据的初审工作，将相关材料返回申请借款人，并向其指明贷款银行。

（3）申请人可持县（市、区）就业管理服务机构核定的相关材料和《小额担保贷款资格认定表》，到指定银行提出贷款申请，并按银行要求办理有关担保、抵（质）押手续。

> **项目小结**

企业能否生存，利润至关重要，必须学会合理制定销售价格以及预测销售收入，从而制订销售和成本计划，同时由于赊销等因素的存在，你还得学会制订现金流量计划表，若企业现金不够，你还得知道如何去筹资，总之要确保你有足够的资金保证企业正常运转。

项目过程考核

1. 你的企业销售的产品或服务的价格

销售的产品或服务	预测的销售价格/元
1	
2	
3	
4	
5	
6	
7	
8	
9	
10	

产品或服务	销售情况\月份	1	2	3	4	5	6	7	8	9	10	11	12
1	销售数量												
	平均价格												
	月销售额												
2	销售数量												
	平均价格												
	月销售额												
3	销售数量												
	平均价格												
	月销售额												
4	销售数量												
	平均价格												
	月销售额												
5	销售数量												
	平均价格												
	月销售额												
合计	销售总量												
	销售总收入												

2. 你的企业的销售与成本计划

金额（元）\月份\项目		1	2	3	4	5	6	7	8	9	10	11	12	合计
销售收入														
成本	原材料1													
	原材料2													
	原材料3													
	原材料4													
	工资													
	营销费用													
	租金													
	公用事业费													
	维修费													
	折旧费													
	贷款利息													
	保险费													
	登记注册费													
	总成本													
税前利润														

3. 你的企业的现金流量计划

金额（元）\月份\项目		1	2	3	4	5	6	7	8	9	10	11	12	合计
现金流入	月初现金													
	现金销售收入													
	赊销收入													
	贷款													
	其他现金流入													
	可支配现金（A）													

续表

金额（元） \ 月份 \ 项目		1	2	3	4	5	6	7	8	9	10	11	12	合计
现金流出	现金采购支出													
	赊购支出													
	工资													
	营销费用													
	公用事业费													
	维修费													
	贷款利息													
	偿还贷款本金													
	保险费													
	税金													
	现金总支出（B）													
	月底现金（A-B）													

4. 筹集你所开办的企业所需的资金

贷款数额：
年利率：
贷款期限（年）：
年利息偿还：
年本金偿还：
展期（月）：

5. 担保品

你为此贷款提供的担保为：

资产	价值/元
1	
2	
3	
4	
5	
合计	

撰写商业计划书

知识目标

- 熟悉商业计划书撰写的内容和方法
- 熟悉商业计划书撰写的作用和结构
- 理解商业计划书对投资者所传达信息的意义

能力目标

- 能撰写商业计划书

关键概念

商业计划书　撰写

任务1　撰写商业计划书

任务导入

赵晨和顾宇的创业故事（二十七）：商业计划书应该怎么写？

赵晨和顾宇USB暖手鼠标垫产销一体创业计划被顾宇的一位亲戚得知了，这位亲戚近几年在楼市投资中获利颇丰。但最近受国家对楼市宏观调控的影响，获利空间已经非常狭窄，他有意投资一些实业，但苦于没有好的项目投资。

这次听说赵晨和顾宇的创业计划，虽然项目很小，但这位亲戚却非常看好电子商务这新兴事物的发展趋势，可以以鼠标垫为起点进而开展更大的产销一体化的E化生产销售模式。同时，他也看好赵晨和顾宇这两位小伙子，认为他们有闯劲，又对电子商务比较熟悉。所以，这位亲戚就打电话给顾宇，表示很有兴趣投资他们的创业项目，但希望顾宇给他寄一份商业计划书,仔细谈谈他们的创业计划是怎样的。

这下,赵晨和顾宇犯难了,他们可从来没有写过什么计划书,这个商业计划书可怎么写好呢?

图 9-1　完成商业计划书

任务布置

任务:结合赵晨和顾宇创业的具体情况,帮他们撰写一份商业计划书。

相关知识

一、撰写商业计划书的目的

(1) 专注于经营目标和战略。
(2) 获得外部融资。
(3) 指导企业的建立。
(4) 指导企业的管理。
(5) 与相关利益群体进行良好的沟通。
(6) 证明商业计划的可行性。
(7) 证明创业者具备管理企业的能力。
(8) 展示产品或服务市场前景广阔。
(9) 对比实际经营业绩与预期业绩的差异。

二、撰写商业计划书的时机选择

考虑创业时;建立企业前;业务更新换代时;获得新信息时;获得新经验时。

三、商业计划书的种类

(1) 为零售企业撰写的商业计划书。
(2) 为批发企业撰写的商业计划书。
(3) 为服务类企业撰写的商业计划书。
(4) 为制造类企业撰写的商业计划书。
(5) 为其他类型企业撰写的商业计划书。
(6) 为金融家撰写的商业计划书。
(7) 为所有者/经理撰写的商业计划书。

四、商业计划书的撰写者

有创业意愿的潜在创业者/管理人员;咨询/支持机构或专业人士,如会计师,他们可就商业计划书的某些方面提供指导,以使计划书更为规范;借助计算机程序提供的模板,并根据本企业实际予以调整的创业者。

五、撰写商业计划书的方法

（1）确认与业务相关的所有问题。
（2）找出要解决上述问题必须收集的信息种类。
（3）获得所有必需的信息。
（4）比较各个方案。
（5）就每个问题制定对策。

六、商业计划书的内容

顾客；竞争对手；供应商；融资渠道；员工；产品；地点；设备。

七、商业计划书的结构

（1）封面。
（2）目录。
（3）内容摘要。
（4）企业简介。
（5）企业主信息。
（6）营销计划。
（7）组织计划。
（8）经营计划。
（9）财务计划。
（10）附录。

八、商业计划书的作用

（1）详细解释企业目标，清晰揭示目标实现步骤及时间进度安排。
（2）系统指导企业经营并实现目标。
（3）为拥有、经营企业提供路线图。
（4）向金融机构和投资者介绍商机，吸引他们投资。
（5）揭示所有潜在的经营风险，明确详细的行动方案。

九、商业计划书指导中的注意事项

制订商业计划书必须小心谨慎。数据收集必须慎重。

商业计划书最重要的部分是市场调研。调研将说明你的创业想法是否能转化为商业机会。不仅如此，市场调研还将说明市场是否有竞争对手，新的企业是否还有生存空间以及可能占据的市场份额是多少。

市场调研的结果是创办企业、制订计划的基础。如果市场评估过于乐观，那么企业开始经营后，将很难产生或提供预计数量及价格的产品或服务，这样的话，企业将难以生存；如果评估过于悲观，那么企业预计的收入会看起来太低，以至于难以有一个成功的开始。客观谨慎的市场评估有助于拟建企业，降低失败风险。

成本是商业计划书的另一个重要因素。低估启动成本与经营费用，账面上也许能显示良好的利润，但是一旦企业开始经营将会入不敷出，所以必须真实地估测成本。此外，应该为无法预料到的成本留出一定的比例。

能力训练

易普咖啡屋

高关今年25岁。她的母亲经营一家装修公司，父亲是政府公务员。读高中期间，高关是校学生会主席。通过学生会的活动，她接触到了易普咖啡屋，这个咖啡屋在该市某旅游景点成功地进行着特许经营。在易普咖啡屋，高关在所有部门都工作过，还与员工和经理们讨论过业务，因此她体验并掌握了经营咖啡屋的诀窍，并获得相应的资质证书。

图9-2 易普咖啡屋

几年后，高关读大学了，她主修市场营销，辅修旅游酒店管理。在学校要求的实践活动中，她为多家小宾馆策划营销方案，并获得全国高校市场营销大赛一等奖。毕业后高关在一家四星级宾馆工作了一段时间，接着她申请并获准经营易普咖啡屋。这家咖啡屋租用了某写字楼的底层。

高关基于早前对该咖啡屋的了解，以及与相关人士的探讨，已知晓下列信息：易普咖啡屋在获得区政府营业执照后，由另一位女士经营了10年左右。这位女士后来成立了一家公司，主要为当地的超市加工食品，最近还移民到了外国定居。

易普咖啡屋空间非常宽敞。它的目标顾客是该写字楼的办公人员（约3 000人）及另外3 000多居民。一些顾客只是路过，另一些则在那座写字楼附近的企业里工作。咖啡屋早上七点开门营业，晚上十点关门，每天大概接待顾客900余人。咖啡屋附近的居民提供直接配送业务、外卖服务及直接服务（自动服务和服务员服务）。在这个商业区内还有其他四家咖啡屋。第一家由于营业空间太小，显得非常拥挤；第二家是一家国际特许经营店，价位很高；第三家位于隔壁建筑的第三层；而第四家则位于后街，并且该咖啡屋没有设置座位。目前，易普咖啡屋已经占据了该区域15%的市场份额。

一直以来，易普咖啡屋每年创造的净利润达120万元。从毛利润中扣除25%的所得税之后，每月的平均净利润为10万元。所有销售均是现金交易。每月的项目和食品支出以及其他直接费用占销售额的50%，经营、管理费用占28%，增值税占6%，净利润占16%。每月的销售额高达60万元，项目和食品支出30万元。其他经营费用包括：人工支出10万元、租金2万元、水费0.45万元、电话费0.6万元、电费0.7万元、运输费0.5万元、办公费0.2万元、维修和清洁费0.8万元、还贷利息4.5万元、其他费用1.3万元。一年中所有月份的数据基本固定不变。咖啡屋由包括所有者在内的11名员工经营。其中厨师2名（根据需要可再聘请一些），出纳1名，仓库保管员/采购员1名，服务员4名，清洁工2名，所有员工都受高关领导。所有员工自咖啡屋开张之日就在此工作，并且都有相关的从业资格证书，因此他们能胜任自己的工作。咖啡屋重新开张还需要200万元启动资金：其中存货30

万元，购买货车需 55 万元，购买库房需 25 万元，购买餐具需 16 万元，购买炊具需 30 万元，购买家具需 23 万元，5 万元用于开业前准备，预留 16 万元现金。高关的储蓄只有 100 万元，母亲将借给 50 万元，无须偿还利息，而银行也将以 8% 的年利率贷款给她剩下的部分。

此外，易普咖啡屋与一家电话中心和一家网吧在同一座写字楼上，那家网吧由一家创业者俱乐部经营。易普咖啡屋提供不含酒精的热饮、冷饮、点心、水果、蔬菜沙拉、冰激凌及健康易消化的食品，价位在目标顾客的承受能力之内。高关计划维持原价位不变。同时，为吸引更多顾客，她计划实行以下策略：制作精美的宣传册，安装醒目的广告牌，播放高雅的背景音乐，为社区外顾客送货，提供优质的餐具和舒适的环境，改进整体设计，要求员工礼貌待人，提供高质量服务，并且分区提供不同服务，避免拥挤。此外，她还计划通过希望工程资助十名本地儿童接受教育，向老年基金会捐款，辅导有志创业青年，参与推动城市美化环境活动等。

根据上述材料，回答下列问题：
1. 从本案例中你了解到高关的哪些个人信息？
2. 在做出经营咖啡屋决策前，高关如何获得相关信息？
3. 为什么对高关来说由自己开办咖啡屋业务是个好主意？
4. 你能否从给出的信息中描述易普咖啡屋的性质？
5. 为什么高关较喜欢易普咖啡屋所处的位置，并认为该位置相比其他地方有优势？
6. 哪些技能、特质及经验表明高关能成功地经营这家企业？
7. 咖啡屋提供哪些产品和服务？
8. 你认为咖啡屋所提供的产品与服务的需求如何？
9. 易普咖啡屋的潜在顾客有哪些？
10. 高关采取哪些措施吸引老顾客？
11. 易普咖啡屋每天接待多少顾客？
12. 易普咖啡屋占据的市场份额或规模有多大？
13. 为使易普咖啡屋有效运作，每个员工应履行的职责分别是什么？
14. 每个员工履行职责应具备的资质分别是什么？
15. 易普咖啡屋的人事组织结构图是怎样的？
16. 高关将借助哪些外部专业服务支持易普咖啡屋的经营？
17. 易普咖啡屋的哪些设备能够确保向顾客提供优质的产品和服务？
18. 在法律范围内经营业务，易普咖啡屋要遵循哪些规定？
19. 高关一共需要多少资本来经营易普咖啡屋？
20. 高关在为易普咖啡屋融资时自己出资多少？
21. 高关打算借多少资金？
22. 哪些支持证据或资质证明能帮助高关获得所需贷款？
23. 经营易普咖啡屋需要做哪些经营记录和报表？
24. 易普咖啡屋月度及年度的总销售额是多少？
25. 易普咖啡屋开始经营之前需要多少资金？
26. 经营易普咖啡屋需要多少流动资产投资？

27. 易普咖啡屋一共需要多少固定资产投资？
28. 易普咖啡屋每月用于各项支出的总费用是多少？
① 存货（项目和食品）支出；
② 劳动力（所以其他雇工）支出；
③ 管理费（租金、电费等）支出。
29. 用百分比表示易普咖啡屋的毛利润/投入。
30. 哪些事情表明高关是一名将部分财富回馈社会的、有社会责任感的创业者？

拓展阅读

一、商业计划书的基本要求

1. 简洁

一份商业计划书最长不要超过50页，最好在30页左右。写商业计划书的目的是为了获取风险投资者的投资，而非为了与风险投资人闲聊。因此，在开始写作商业计划书时，应该避免一些与主题无关的内容，要开门见山地直接切入主题。要知道风险投资人没有很多时间来阅读无关的内容。这一点对于很多初次创业者来说，在写作商业计划书时应该格外注意。

2. 完整

要全面披露与投资有关的信息。因为按照证券法等相关法律，创业企业必须以书面形式披露与企业业务有关的全部重要信息。如果披露不完全，当投资失败时，风险投资人就有权收回其全部投资并起诉创业者。

3. 条理清晰

语言通畅易懂，意思表述精确。

硅谷老板们的成功有目共睹，而他们经常挂在嘴边的问题，其实跟自己想弄个小买卖，做做小生意人的问题是一样的：产品是什么？消费对象是谁？成本是多少？而看似复杂的商业计划书，关键是要脉络清晰，其中包括的无非还是企业（不论是传统企业还是高科技企业）经营中要回答的几个关键问题，即产品是什么？售价多少？何时可损益平衡？在撰写商业计划书之前，若无法扼要地就这几个问题说出你的想法，要向别人解释清楚恐怕很困难。

因此，一份好的商业计划书，要使人读后对下列问题非常清楚：公司的商业机会，创立公司所需要的资源，把握这一机会的进程，风险和预期回报。商业计划书不是学术论文，它可能面对的是非技术背景但对计划书有兴趣的人，比如可能的团队成员、可能的投资人和合作伙伴、供应商、顾客、政府机构等。因此，一份好的商业计划书应该写得让人明白，避免使用过多的专业词汇，聚焦于特定的策略、目标、计划和行动。商业计划书的篇幅要适当：太短，容易让人不相信项目会成功；太长，则会被认为太啰唆，表达不清楚。

4. 呈现竞争优势与投资利益

商业计划书不仅要将资料完整陈列出来，更重要的是整份商业计划书要呈现出具体的竞争优势，并明确指出投资者的利益所在。而且要显示创业者创造利润的强烈企图，而不仅是谋求企业发展而已。

5. 呈现经营能力

要尽量展现创业团队的事业经营能力与丰富的经验背景，并显示对于该产业、市场、产品、技术以及未来营运策略已有完全的准备。

6. 市场导向

明白利润是来自于市场的需求，没有依据明确的市场分析所撰写的商业计划书将会是空洞的。因此商业计划书应以市场导向的观点来撰写。

7. 前后一致

整份商业计划书前后基本假设或预测要互相呼应，也就是前后逻辑合理。例如，财务预测必须根据市场分析与技术分析所得结果，进行各种报表的规划。

8. 切合实际

一切数字要尽量客观、实际，切勿凭主观意愿估计。通常创业者容易高估市场潜力或报酬，而低估经营成本。在商业计划书中，创业者应尽量列出客观的可供参考的数据与文献资料。

二、商业计划书的完成过程

首先，应该组织一个得力的写作团队，越来越多的事实已经表明，仅仅依靠创业者的个人的力量是很难做到尽善尽美。因此在写作商业计划书的过程中，需要一个有很强战斗力的写作团队的帮助来弥补个人的不足。寻求有丰富经验的律师、会计师、专业咨询顾问的帮助是非常必要的。他们的建议有时能让你的商业计划书看上去更加完美。商业计划书的最终目的是为了获取投资，因此，商业计划书的设计应当从投资者的角度来考虑，但很多时候却并非如此。很多创业者会不自觉地偏向产品观念。你现在需要做的是把商业计划书做给可能的读者——投资者看，而不是你自己。

从重要性程度来看，投资者最重视的是创业企业本身及其管理队伍，其次是创业企业如何打开市场。而当创业企业没有拿出一个样品或产品，还在研制之中时，产品本身并不显得多么的重要。

时间是最为关键的，创业者接下来应该建立一个合适的时间表来安排和完成计划与计划附录。商业计划书的完成需要较多的时间，而且对于大多数创业者来说，还涉及困难的学习过程。下面介绍完成商业计划书的具体步骤，大致而言可以按以下四个步骤来循序渐进地进行。

第一阶段：商业计划构想细化

对自己将要开创的事业给予细致的思考，并制定细化的构思，确定明确的时间进度表和工作进程。

第二阶段：客户调查

与至少3个本产品或服务的潜在客户建立联系。其中至少有1个是你将选做自己销售渠道的客户。准备一份1~2页的客户调查纲要。

提供一份用过的调查和调查方法的描述。保证获取了足够大量的信息，包括潜在客户的数量，他们愿意支付的价钱，产品或服务对于客户的经济价值。还应当收集定性的信息，如购买周期，对于购买决策者来说可能导致他们拒绝本产品或服务的原因，你的产品为什么能够在你的目标用户和客户的应用环境之中起作用。

第三阶段：文档制作

在文档中主要突出以下四个方面的内容。

（1）市场、目标和战略。这是商业计划书的一个主要部分。它应当建立在你所进行的客户调查和竞争者调查的基础之上。交一份 3~5 页的文档，量化市场机会与如何把握这个机会，细化争取目标收入的战略。附上一些市场预测、客户证明、调查数据、从各种出版物上剪下来的关于产品描述或者市场营销材料。

（2）实施。针对创业企业的运作，哪些是你达到目标最关键的成功因素，你如何在你的商业计划书反映出这些优势，并且在所有建立这家创业企业的重要方面体现这些优势。

例如，你如何寻求雇员，你需要什么样的人，你如何开发你的产品，建立一支销售队伍，建立分销伙伴关系，选择合适的地址，引导正面的舆论，保护知识产权以及生产产品，在这个过程中关键的风险是什么，这家创业企业如何在长时间里大量生产。简而言之，详细描述这家创业企业从今天到两年后、五年后，以及将来的运作方式。仔细进行财务估算，以透彻把握这家创业企业如何从收入、销售量、客户以及其他推动因素上取得长足发展。在这个过程中，你将全面把握创业企业的经济状况。

（3）团队。准备 2~3 页的小结，说明创业团队成员具备在创办这家企业中所需的能力，并说明创业企业发展过程中所需的主要人员的分工情况。人们常说风险投资家们其实并不是在向 Idea 投资，而是向"人"投资。用单独的一部分说明创业团队中每个成员在创业企业中所拥有的资产。如果你需要外来资金，用一段话说明你们将出让多少所有权来换取现金。

（4）财务。一份对创业企业的完整财务分析必须保证所有的可能性都考虑到了。财务分析要量化创业企业的收入目标和企业战略。这要求你详细而精确地考虑实现运作所需的资金。

第四阶段：答辩陈词和反馈

准备 15 分钟的答辩以推销创业企业的商业计划书。这是为了提供第一次（也许是最后一次）机会来向一群投资者推销你的创业企业。陈词应当强调创业企业的关键因素，但这并不是把你的商业计划书执行总结用口头方式表达出来，用看得见的一些东西来打动投资者。应当用简洁的市场分析和可靠的数据来给投资者留下深刻的印象。然后，准备应对投资者对商业计划书显著特征的提问。

三、商业计划书写作过程中要思考的问题

创办并管理一个企业要有动机、欲望和天分，也需要研究和计划。就像下棋一样，中小企业的成功始于果断和正确的起步，当然最初的失误也许不是致命的，通过技能训练和努力工作可以重新获得优势。

花时间探讨和评价你的企业和你个人的目标，可以增加成功的机会。这就要根据可以建立帮你达到这些目标的翔实周密的商业计划书。

编写一个商业计划书的过程，将帮你思考一些原本可能未曾意识到的重要问题。你的商业计划书将成为一个为你的企业增加利润和活力的极有价值的工具，它也将是记载你的成功之路的里程碑。

具体地讲，在写作商业计划书的过程中创业者要思考以下五个方面的问题。

1. 在开始之前列出你要创办企业的各种动机

创办企业的一些最普遍的动机有：

(1) 你想当自己的老板;
(2) 你想财务独立;
(3) 你想有创新的自由;
(4) 你想完全展示自己的技能和知识。

2. 需要决定哪类商业领域的企业适合你

试回答下面的问题:
(1) 我想干什么?
(2) 我学习过、发展过哪些技术技能?
(3) 我擅长什么?
(4) 我是否获得了亲友的支持?
(5) 我有多少时间运转为成功企业?
(6) 我的爱好和兴趣是否有商业价值?即含有可市场化的、可销售的成分。

3. 确定你的企业的经营范围

下面的问题可以指导你做一些必要的调查研究。
(1) 我对什么行业有兴趣?
(2) 我将销售什么产品或服务?
(3) 我的生意是否现实,它是否满足或适应了某种需求?
(4) 我的竞争对手是谁?
(5) 与现有的公司相比,我的企业的优势是什么?
(6) 我能提供高品质的服务吗?
(7) 我能为我的企业创造一种需求吗?

4. 管理团队方面的问题

在商业计划书中,风险投资者将会非常关注"人"的因素,即创业企业中管理团队的情况。因此,商业计划书要能够详实地向风险投资者展示管理团队的风貌。重点包括以下五个方面:
(1) 创业者是否是一个领袖式的人物,是否具备应有的素质?
(2) 这个管理团队的信念是否坚定,目标是否一致?
(3) 这个管理团队是否具有强大的凝聚力从而始终地努力追求事业成功?
(4) 这个管理团队的市场战斗力如何?
(5) 这个管理团队是否非常熟悉市场和善于开发潜在的市场?

5. 编制你的商业计划前你需要考虑的问题
(1) 我有哪些技能和经验可以用于创办企业?
(2) 哪种组织结构对我的企业最适合?
(3) 创办企业需要哪些设备和物资?
(4) 我的资源有哪些?
(5) 我需要从何处获得资金?
(6) 我需要防范哪些风险以及如何防范?
(7) 我将如何给自己付酬?
(8) 我的企业位于何处?

(9) 我的企业名称是什么？

你的回答将有助于你编制一份有针对性的经过充分调查研究的商业计划。商业计划书可视为一个蓝图，它应详述企业如何运作、经营、管理和融资。一旦你完成商业计划书，可以先和你的朋友或商业伙伴对它进行复审、讨论和修改。直到对内容和结构都满意，就去找选定的投资人或银行，和他们进行讨论。商业计划书应是一个根据企业的成长和商务活动的发展而不断变化的灵活的有弹性的文件。

项目小结

一份商业计划书汇总了一个创业者所需要的全部信息，它是一份非常重要的文件，使你的企业构思在变为现实之前有了一次纸上测试的机会。

为了设计商业计划书，学生必须运用所学知识来收集、处理与其企业想法相关的信息。商业计划书有助于学生以规范化格式陈述企业想法及其可能性。

设计商业计划书是一项费时费力的工作。直到最后，潜在的创业者才具有评估企业可行性的全部信息。结果通常是这样的，商业计划书表明估测的现金收益不足以经营企业，或者企业经营前景并不明朗。简要的评估有助于潜在的创业者做出决定，即是否应该继续其创业进程，是否应该放弃企业想法，是否应该改变计划的企业规模，或是否应该采取其他措施提高创业的可行性。

项目过程考核

根据下面的模板格式要求，准备一份你即将创办企业的商业计划书。

商业计划书应包括以下部分（有些部分可根据情况合并、增减）：

(1) 摘要。

(2) 企业背景与历史。

(3) 法律协议与诉讼。

(4) 企业发展计划（目标）。

(5) 企业组织与管理。

(6) 产品、服务与行业介绍。

(7) 研究与开发。

(8) 市场与营销。

(9) 生产与经营。

(10) 基本经营模式。

(11) 竞争与风险。

(12) 财务。

(13) 投资建议。

(14) 附录。

封面格式：

```
┌─────────────────────────────────────────────────────┐
│              商 业 计 划 书                          │
│   项目单位_____           │
│   地    址_____           │
│   电    话_____           │
│   传    真_____           │
│   电子邮件_____           │
│   联 系 人_____           │
│                                                     │
│              保 密 协 议                             │
│  _____   │
│   创业计划编号：            收方：                   │
│   公司：                    签字：                   │
│                             日期：                   │
└─────────────────────────────────────────────────────┘
```

1. 摘要

（1）简介。企业名称、性质、企业地址、电话、成立时间、联系人。

（2）业务类型。所属行业、业务范围、业务性质。

（3）企业产品和经营概况。企业产品情况和经营情况的概述。

（4）企业现有股权状况。

① 股东名单。

② 各股东的认股权、股份比例和特权等。

（5）资金需求与融资阶段。

① 总资金需求及运作周期。

② 合作方式。

2. 企业背景与历史

（1）企业创建时间。

（2）企业的核心产品。

（3）企业发展的历史及重要事件。

3. 法律协议与诉讼

（1）企业签署的各项法律协议，如雇员协议、特许权、营销许可、专利权等。

（2）诉讼。说明与企业相关的诉讼事件。

4. 企业发展计划（目标）

（1）近期发展目标（1~2年）。

（2）中长期发展目标（3~5年）。

（3）资金使用计划。

① 阶段资金用途及金额。

② 资金投入后要取得效益或阶段目标。

5. 企业组织与管理

（1）企业组织结构图。

① 行政管理。
② 生产运营。
(2) 董事和高级职员。列出董事、主要高级职员的姓名、职务和年龄，简要介绍他们的背景和个人简历。
(3) 薪酬体系。列表说明企业所有关键雇员、股东和高级职员的个人收入状况，包括姓名、职务、薪金及其他收入情况，其薪金指由企业取得的全部收入，具体包括股东收入、咨询费、佣金、红利、工资等。

6. 产品、服务与行业介绍
(1) 产品或服务。
① 准确描述产品，以免对产品和生产计划在理解上有歧义。
② 如果有多种产品或服务，应分项说明。
③ 说明产品价格、定价依据和获利水准。
④ 全面分析影响价格的因素，并应对各种情况均能做出相应的解释。
⑤ 产品或技术的版权、专利权和商标权等。
⑥ 关于产品的报道、介绍、样品与图片。
(2) 产品或服务的竞争优势。
① 竞争对手的产品特点、市场状况及发展趋势。
② 自有产品的竞争优势。
(3) 行业或市场。
① 行业概况。
② 产品市场的分布与结构。
③ 产品或服务的市场总需求量（市场容量）。
④ 政府政策。

7. 研究与开发
(1) 明确列出已用于研究、开发的费用总额。
(2) 研究开发的现状、计划发展方向和目标。
(3) 计划将来用于研究与开发的费用预算。
(4) 说明准备利用研究与开发资金完成哪些具体任务。

8. 市场与营销
(1) 市场分析。
① 目标用户群的需求及其变化发展预测。
② 用户群的性质、特点。
③ 市场形成的背景、过程及发展速度。
④ 现有的市场规模和特点。
⑤ 推动市场发展的动力以及市场的发展前景。
⑥ 影响市场发展的有利因素和不利因素。
(2) 市场销售。
① 现有销售模式以及现有的市场机构和销售渠道。
② 发展方向和各阶段目标。

③ 发展过程中销售队伍的建立和管理。
④ 现有的广告、促销手段以及实施效果和未来计划。
⑤ 现行价格策略以及制定原因、效果和未来计划。
⑥ 企业以往销售业绩。
⑦ 预期分阶段销售目标。
（3）售后服务。
略。

9. 生产与经营
（1）生产与服务。
① 描述生产或服务的全部过程，并着重说明主要生产阶段。
② 生产成本及其控制，特别要说明为把成本控制在理想水准而计划采用的措施。
③ 质量控制方案。
（2）生产类型。
① 技术难度。
② 是否为高科技产品。
③ 协作或外购部分的比例是多少。
④ 生产过程有哪些关键技术。
⑤ 技术人员培训的有关情况。
（3）生产或营业设施。
① 企业自有或合用的作为生产、营业场所的不动产。
② 营业场所占地面积以及每平方米的价格。
（4）设备。
① 企业现在或计划购置的主要设备。
② 企业现存固定资产的基本情况及其价值。
③ 企业现存可用于生产的设备总量及价值。
④ 企业设备的先进程度。
（5）供应情况。
① 供应本企业原材料和其他资源的有关企业情况。
② 完整的主要原材料供应商的明细表。
③ 原材料市场分析。
（6）协作生产商。
如果企业有协作生产商或委托加工部分，则应在商业计划书中说明主要协作生产商的名称、地址和合同金额。
（7）关键技术人员。
① 说明现有关键技术人员的人数及主要作用。
② 保证关键技术人员稳定可靠的有关措施。

10. 基本经营模式
可以用图表说明。

11. 竞争与风险
（1）竞争分析。

① 说明已有的竞争产品及相关企业的情况。
② 说明各竞争对手的销售额和市场占有率,同时要说明各对手的实力。
③ 本企业产品与竞争对手的产品有哪些区别。
④ 如果竞争力不强,应分析缺少竞争力的原因。
⑤ 如果认为将来可能有竞争力,则应指出主要潜在的竞争对手,分析他们何时可能进入市场。
(2) 其他弱点与潜在威胁。
略。

12. 财务
(1) 以往财务状况。
① 现金流量表。
② 损益表。
③ 资产负债表。
(2) 经营计划的分阶段条件假设。
① 产品的销售价格和销售量。
② 产品的生产成本。
③ 研发费用(人员、设备、场地、调研、办公费用等)。
④ 销售费用(渠道、推广费用等)。
⑤ 利润。
⑥ 资金缺口。
(3) 预计财务状况
① 企业或项目收益预测。
② 财务盈亏分析。

13. 投资建议
对投资人阐明企业期待的投资和退出方式。

14. 附录
(1) 主要合同资料。
(2) 信誉证明。
(3) 相关图片。
(4) 分支机构列表。
(5) 市场调查结果。
(6) 主要领导人简历。
(7) 生产技术信息平面布置。

附录 1

案例（产品类）绿色汽车增光护理剂商业计划

第一部分 概 述

1.1 背景

1. 广阔的市场

研究表明：2010年中国汽车的保有量将超过8 000万辆。其中城市家庭汽车保有量将超过2 000万辆。

研究表明：在未来十几年里，随着汽车保有量的飞速增长，相关的服务市场将会空前地繁荣壮大。

2. 爱美之心，人皆有之

为了让自己的汽车更加靓丽，汽车拥有者提出了汽车美容的要求。2003年起，汽车美容护理服务在全国大中城市如雨后春笋般崛起。2010年后，国内汽车美容护理用品的需求量将超过12 000吨/年。

3. 把握商机，赢得市场

目前汽车美容增光护理剂绝大多数是含蜡产品。实践表明，含蜡产品存在许多缺点。无蜡水性乳液产品是汽车增光护理剂的发展趋势，而含蜡产品终将被淘汰。国内汽车美容增光护理用品绝大部分来自国外，价格昂贵。

1.2 公司

在广泛考察了国内外产品的基础上，我们研制开发出了绿色汽车增光护理剂，追随世界涂料领域水性化、无毒性的趋势，将"营养护理"的新概念引入汽车美容业。

新创公司由3名清华大学研究生发起创立。绿色汽车增光护理剂是我公司独立研制开发的产品。该产品生产工艺流程简单、技术先进、生产成本低、性能优越。

我们已经小规模生产出少量产品，并在北京十几家汽车美容店做过试用，受到专业汽车美容员的一致好评，均表示愿与我们进一步合作。

我们的发展目标：以生产经营绿色汽车增光护理剂为主，同时发展其他汽车护理用品。

我们力争在5年后将公司办成国内最大的生产汽车护理用品企业,并逐步将产品打入国际市场。

1.3 产品

1. 绿色汽车增光护理剂

绿色汽车增光护理剂为无蜡水性乳液产品,用于汽车的增光护理,从而实现汽车外部美容,使汽车光亮如新。绿色汽车增光护理剂主要成分是高分子材料,易在车漆表面很快地生成高分子保护膜。绿色汽车增光护理剂完全替代了传统美容护理的固体蜡和液体蜡,在许多方面尤其是在环境保护和汽车表面油漆防护方面更具优势。

2. 绿色汽车增光护理剂的主要功能

(1) 养护漆膜、增加汽车表面的光洁度,使汽车光亮如新。
(2) 防紫外线、酸碱以及腐蚀性物质破坏汽车表面车漆。
(3) 清除汽车表面的污物。
(4) 涂在汽车玻璃和反光镜上可起到防雾作用。
(5) 提高汽车外观质量,延长汽车使用年限。
(6) 防止火星损伤车漆。

1.4 市场与竞争

1. 市场

汽车美容业市场还有很大的潜力可以开发。根据市场细分,我们将选择全国主要的各大城市的汽车美容用品消费市场作为我们的目标市场。汽车美容店和汽车护理用品专卖店是我们最主要的两类客户,这里集中了市场上汽车美容护理品90%以上的销售量。由于我们产品独有的竞争优势和大城市兴起的汽车美容热,这个市场对我们的产品具有强大的吸引力,但我们也清楚地看到了其中激烈的竞争。

2. 竞争

我们的竞争对手主要来自国外产品,它们是美国的"3M"和"龟博士";英国的"多宝""尼尔森"和"莱斯豪";日本的"99丽彩"和德国的"施硅国宝"等。由于这些厂家的生产和经营历史早,生产工艺和技术成熟,资金雄厚,再加上它们的产品打入中国市场较早,已经有了相当的市场占有率,因而竞争将十分激烈。

3. 竞争优势

(1) 潮流性:我们的产品是无蜡水性乳液产品,代表着汽车美容护理品发展潮流。
(2) 独有性:我们是国内唯一拥有无蜡水性乳液汽车美容产品的厂家,并且在国际上也居于领先地位。
(3) 低价格:我们的产品生产流程简单,生产成本低,因此可以相应降低市场价格。
(4) 高质量:绿色汽车增光护理剂为化学惰性,黏附力强,耐老化和光照辐射,无"出汗"和"结晶粒"等不良现象,尤其是不粉化,从而减少了车体出现刻痕的机会;同时,它又为化学中性,不损伤车体。
(5) 普适性:我们的产品对所有车漆均可使用,这就免除了因选择产品不当而导致车漆损伤的后顾之忧。同时,可适应较大气候温差,能在中国南北两地一年四季使用。

（6）易操作：喷涂均可，操作简单，比现有打蜡工艺省时 1/2。

（7）多功能：我们的产品具有防雾和防火功能。只要往车窗上打上我们的产品，就不用担心车窗起雾。倘若一不小心有火星掉在车漆上，只要使用了我们的产品，也不用担心火星会损伤车漆。

（8）无污染：我们的产品不但在生产过程中无"三废"产生，而且在使用过程中不会污染环境，更不会对人身健康造成毒害。

4. 竞争策略

（1）坚持"以人为本、以诚取信"的经营管理理念。

（2）坚持"高质量、高性能、低价格"的市场竞争策略。

（3）坚持"系列化、多样化、大众化"的产品发展道路。

（4）坚持"自主开发、勇于创新"的科研方向。

1.5 市场营销

为了能够迅速有效地打开我们产品的市场，并获得长久的发展，我们将以公司上述发展战略为核心，从树立鲜明的产品形象、建立广阔的市场营销网络、严格控制生产成本与产品质量、持续的技术发展四个方面系统规划品牌竞争策略。

我们将从三条渠道开拓我们的销售市场：

（1）我们将与国内一家或多家汽车生产企业建立合作关系，实行售车配备汽车美容护理品销售方式，在促进汽车生产厂家汽车销售的同时，确保我们产品的基本销售量，并迅速有效地占领市场。

（2）汽车美容店是汽车美容护理品的主要消费市场之一。近两年来，汽车美容遍及全国大中城市。目前汽车美容基本上都是在汽车美容店来完成的。我们已到北京十几家汽车美容店进行了产品试用。专业人员对我们的产品一致反映很好，都希望能与我们进一步合作。

（3）汽车护理用品销售店将是我们产品的另一个销售市场。我国汽车美容店的汽车外部美容价格过高，一次美容的花费在 500 元左右。因此，有相当一部分车主更愿意自己动手进行美容。我们将在各大城市建立独家产品代理商网络，以优惠的价格把产品直接送到各汽车美容店和汽车护理用品销售店。

1.6 公司组织与人力资源

（1）公司初期规模较小，我们将采用职能式的组织结构，充分发挥个人的特长，主要核心管理人员构成如下：

总经理——全面负责公司的经营管理；

生产副总经理——主要负责生产和技术管理；

销售副总经理——主要负责营销与财务管理。

（2）我们将招聘一批有相关工作经验和专业知识并有志合作的中青年来加强和充实我们公司的管理队伍；我们还将招聘 18~20 名生产人员和部分工作人员。

（3）我们将积极弘扬企业文化来全面提高公司员工素质，培养每一个职工的企业荣誉感，同时引进企业 CIS（企业形象系统）。

（4）不断学习新的管理思想，减少错误的管理理念，逐步建立从生产到销售的企业核心程序，努力构建一支高水平的管理团队，实现公司的持续发展。

1.7 风险及对策

1. 风险

（1）行业风险：

① 汽车美容服务业的自身发展的局限；

② 行业内部竞争激烈。

（2）经营风险：

① 对主要客户的依赖；

② 人们消费观念的影响；

③ 重要原材料供应风险；

④ 人力成本上升和高素质人才不足。

（3）市场风险：

① 市场价格竞争激烈；

② 市场销售不畅。

2. 对策

（1）充分发挥本公司在生产技术、产品质量、管理水平、科研水平方面的优势，加快新产品的研制、开发和生产，扩大生产规模。

（2）坚持质优价廉和优质服务方针。

（3）在加强产品销售的同时，建立一套完善的市场信息反馈体系，制定合理的产品销售价格，增加公司的盈利能力。

（4）加快新产品的开发速度，增加市场应变能力，适时调整产品结构，增加适销对路产品的产量。

（5）实行创名牌战略，以优质的产品稳定价格，以消除市场波动对本公司产品价格的影响。

1.8 财务分析

初步估算我们的产品开发第一年需要固定投资 1 000 万元。第二年流动资金贷款 400 万元，用于公司生产和销售工作的启动费用。经营成本 3.9 万元/吨，销售价格（批发）5.9 万元/吨，平均税后利润 1.3 万元/吨。

NPV = 5 302 万元，远远大于 0，经济效果良好。

产品投资回收期短，3 年内即可收回全部投资，银行贷款可在 4 年内全部还清。

不确定性分析表明：当投资增加 87% 以上，或者经营成本增加 102% 以上，或者销售收入降低 47% 以上时，该计划变得不可行。

总体上看，本产品是一个投资少、利润高的产品，并且我们的发展计划具有相当强的抵抗市场风险的能力。

我们相信，在巨大的迅速发展的汽车美容服务用品行业中，我们的产品必将拥有一个光明美好的前景！

第二部分 公 司

2.1 公司成立于目标

新创公司由3名清华大学研究生组建。面对我国汽车服务用品领域的广阔市场潜力,我们的目标是:用5年时间,以生产绿色汽车增光护理剂为核心,将我们公司发展成为国内最大的汽车美容用品生产企业。

2.2 发展规划

第1年,成立公司,建立生产、办公和销售基地,生产设备的安装、调试与生产,初步建立市场营销体系。

第2~3年,树立产品形象,打开生产销售渠道:实现生产规模600吨/年,初步达到5%的市场占有率,为进一步扩大生产、占领市场奠定基础。

第4~5年,广泛开拓市场,实现生产规模1 200吨/年,利润1 200万元/年,力争取得汽车美容汽车增光剂市场10%的市场占有率,并还清各项贷款。

第6~10年,保持国内市场占有率15%,实现利润1 800万元/年;进一步开发其他产品,努力使我们的产品打入国际市场。

2.3 公司现状

组织:目前公司正处于筹备阶段,尚无外来投资者。公司的所有权由3位创始人平均拥有。今后公司将采用有限责任公司的组织形式。

生产:我们绿色汽车增光护理剂的生产技术已经完全成熟,现在已经小规模生产出一批产品,在北京十几家汽车美容店进行了产品试用,效果极佳。

销售:我们已经与一些汽车美容店建立了联系,他们均表示愿意销售我们的产品。

2.4 发展战略

(1) 坚持"以人为本、以诚取信"的经营管理理念。
(2) 坚持"高质量、高性能、低价格"的市场竞争策略。
(3) 坚持"系列化、多样化、大众化"的产品发展道路。
(4) 坚持"自主开发、勇于创新"的科研方向。
(5) 坚持企业文化建设,实现持续发展。

2.5 关键成功因素

(1) 提倡团队精神,积极开拓进取。
(2) 设计出有效可行的市场营销方案,逐步建立完善的营销体系。
(3) 对汽车美容护理用品的现状及其发展趋势有深入的研究。
(4) 有独立的产品开发能力,能够随时根据市场和顾客需要不断设计出新产品。

第三部分　我们的产品

3.1　产品

1. 产品内容

彩色汽车增光护理剂为无蜡水性乳液产品，它能使汽车、摩托车等机动车表面光亮如新，实现增光护理；并且，它还可以用于皮革、高档家具、乐器、玻璃和经过抛光的大理石等产品的增光护理。

绿色汽车增光护理剂的主要成分是一些高分子材料，易于在车漆表面快速地生成高分子保护膜，从而实现增光护理效果。

绿色汽车增光护理剂为瓶式包装，每瓶 450 mL，可进行 7~8 次美容护理，同时，我们将提供相应的汽车美容护理工具。

2. 产品功能

汽车在使用过程中，其表面漆膜会由于自然因素和人为因素不可避免地遭受损伤、老化和失去光泽。因此，为了维持汽车外观的光亮及延长汽车使用年限，车主就需要定期对汽车进行表面油漆护理。绿色汽车增光护理剂的主要功能有以下六个方面：

（1）养护漆膜、增加汽车表面光洁度，使汽车光亮如新。

（2）防紫外线、酸碱及腐蚀破坏汽车表面油漆。

（3）提高汽车外观质量，延长汽车使用年限。

（4）清除汽车表面的污物。

（5）涂在汽车玻璃和反光镜上可起到防雾作用。

（6）防止火星损伤车漆。

3.2　生产

（1）生产技术：绿色汽车增光护理剂的生产采用世界先进的特殊乳化技术，该技术已经完全成型，可直接用于市场生产。

（2）生产成本：绿色汽车增光护理剂的生产成本与市场同类产品相比平均低 1/3。

（3）生产设备：绿色汽车增光护理剂的生产设备采用高剪切乳化机，易于操作与管理。

（4）生产原料：绿色汽车增光护理剂的生产原料（具体名称暂略）易于从市场上购买。

（5）生产能力：绿色汽车增光护理剂的生产流程十分简单，一个生产周期仅需 3 小时，安装一套设备生产量最多可达 2 吨/天。

（6）生产条件：根据我们的目标，100 平方米生产车间和 200 平方米库房即可满足 800 吨/年的最终生产目标。初期先安装一套生产设备，3 年后再安装另一套。

（7）生产人员：绿色汽车增光护理剂对生产人员的要求不高，具有高中以上学历的人员经过一定的培训后均可上岗进行生产。18~20 人即可满足生产需求。

第四部分 市场分析

4.1 市场需求

（1）人们对汽车美容的青睐极大地刺激了汽车美容市场的发展。爱美之心，人皆有之。汽车作为现代城市人社会地位的某种象征，其外表当然也就成为车主的"脸面"。20世纪80年代，汽车美容首先在广州、深圳兴起，继而在上海、北京、天津等大城市也逐步普及。据统计，仅北京现在就有汽车美容店300多家，而且还不断有新的汽车美容店开业。

我们初步市场调查表明：

60%以上的个人高档汽车车主有给汽车做外部美容的习惯；

30%以上的个人低档车车主也形成了给汽车美容的习惯；

50%以上的公用高档汽车定时进行外部美容；

50%以上的个人车主愿意在掌握基本技术的情况下自己进行汽车美容。

由此可见，人们对汽车美容的热情日益增长。

（2）全国各大城市汽车保有量迅速增加也极大地刺激了汽车美容市场的发展。《中国汽车报》中的一份调查报告表明：2002年以来，国内家庭购车市场全面启动，购车率逐步上升，增长速度平均达48%。其中：计划单列市达到54%，直辖市达41%，省会城市、地级市、县级市均为39%。

预计2008—2010年，全国城市家庭购车量将分别突破500万、600万、700万辆。大城市家庭汽车拥有率将突破15%。显然，家庭轿车拥有量的速度增加必将增大汽车美容护理品的需求。资料分析表明，我国汽车美容护理品的市场容量尚有很大的开发潜力。现有市场容量约6 000吨/年，2010年后市场容量估计：12 000吨/年，尚有100%的市场潜力有待开发。

4.2 市场细分

1. 按地理位置细分

（1）主要集中在各大城市的约占90%；

（2）中小城镇有少量市场的约占10%；

（3）农村市场的约占0%。

2. 按汽车所有权细分

（1）公用车约占40%；

（2）个人用车约占60%。

3. 按心理和行为细分

（1）追求时尚，追求汽车靓丽的外表的约占50%；

（2）追求内在利益，保养汽车的约占50%。

4.3 市场内部结构的吸引力

从经营的角度看，通常有五种力量决定着某个市场长期的内在吸引力。我们对汽车增光美容护理品市场这五种力量的初步估计如附表4-1所示。

附表4-1　对汽车增光美容护理品市场这五种力量的初步估计

序号	细分市场内部机构	基本状况	吸引力大小
1	细分市场内的竞争	激烈	一般
2	新参加品牌的威胁	小	大
3	代替品牌的威胁	小	大
4	顾客购买力	高	大
5	供应商的供应能力	高	大

结论：汽车美容增光用品市场对我们的产品具有强大的吸引力。根据我们产品的优势，汽车美容增光用品市场对我们而言是一个进入的壁垒高（市场竞争激烈），退出的壁垒低（硬件设施投入少）的市场。因此，如经营得好则会有高而稳定的收益。

4.4　目标市场的选择

根据上面的市场需求、市场细分及本产品的特点，我们将选择全国各大城市的汽车美容用品消费市场作为我们的目标市场，并以积极的汽车养护概念、优质的产品和优惠的价格来吸引各方面的消费群体，力争用5年时间占领这一市场20%的份额。我们的目标市场主要由汽车美容店和汽车护理用品促销店两部分组成。

1. 汽车美容店

汽车美容店是我们产品的一个主要客户，近年来，汽车美容店遍及了全国各大中城市，各种汽车美容业务基本上都是由汽车美容店来完成的，原因如下：

（1）汽车美容在国内刚刚兴起，许多车主还未能掌握汽车美容的一般技术，加之汽车价格昂贵，车主们担心自己美容不当会有损车漆。

（2）国内最先购买汽车的往往是先富起来的阶层，他们的收入和消费水平比较高，因而宁愿花钱让汽车美容店来给汽车美容，图个轻松方便。

（3）中国的公用车司机当然不会自己动手来给汽车美容。

2. 汽车护理用品促销店

我们另一个主要客户就是汽车护理用品销售店。随着城市居民生活水平的提高和消费观念的改变，一部分中等收入家庭也纷纷开始购买汽车，现在城市家庭私人汽车占全国汽车总保有量的6%~8%。他们所购买的汽车大部分为低、中档车，为5万~20万元这一档次的。

对这一部分汽车车主来说，我国汽车美容店的汽车外部美容价格相对过高，一次美容的花费平均在500元左右。因此，这一部分车主更愿意自己动手给汽车美容。毫无疑问，汽车护理用品销售店里质优价廉，简单易用的汽车美容护理用品将是他们的首选。

第五部分　品牌竞争策略

5.1　行业发展现状

根据我们的市场调查分析，当前我国汽车美容护理业市场具有以下两个特点：

(1) 汽车美容业处于刚刚兴起阶段，人们对汽车美容的认识还不够全面，有不少人还只认为汽车美容不过是给汽车一个漂亮的外表而已。

(2) 市场上虽有不少外国产品进入，但现在还没有一个产品取得绝对的市场优势。根据我们掌握的资料和市场调查，初步估计几个主要品牌的市场占有率如附表 5-1 所示。

附表 5-1　现有汽车美容产品的市场占有率

品牌	3M	99丽彩	龟博士	多宝	尼尔森	壁丽珠	施硅国宝	其他
占有率	15%	18%	10%	8%	8%	18%	8%	15%

现有品牌绝大多数是含蜡产品。由于含蜡产品存在许多不足，终将被无蜡产品取代。市场运作还很不规范。

① 约 99% 的汽车美容店达不到相应的专业技术要求。
② 大量劣质汽车美容产品充斥市场。
③ 汽车美容价格不统一，且普遍偏高。

2000 年后，汽车美容护理用品的市场容量将达 4 000 吨/年以上，市场价值超过 10 亿元。为了更多地占领市场，各商家的"价格战"已经逐步打响。

5.2　竞争分析

1. 对手的优势和劣势

在汽车美容护理用品领域，我们的竞争对手主要来自国外产品，它们是美国的"3M"和"龟博士"，英国的"多宝""尼尔森"和"莱斯豪"，日本的"99丽彩"和德国的"施硅国宝"等。由于国外这些厂家的生产和经营历史早，生产工艺和技术也很成熟，其产品质量普遍较高，性能优良，提供的服务也令顾客满意，因而在中国已有相当的市场占有率。但是，这些国外产品基本上是含蜡产品，实践表明，含蜡产品存在以下缺点：

(1) 容易被氧化而黏附空气中的灰尘造成表面永久性污染。
(2) 使用的油性溶剂带来了有机溶剂的挥发而造成环境污染。
(3) 耐候性差，高温、低温下会产生"出汗"和"结晶粒"等不良现象。
(4) 使用时要选择与车漆的性能相符合的蜡产品，否则会使车漆变色。
(5) 价格较高，平均在 200 元/（450~500）mL 以上。

国内也有竞争对手，如上海的"碧丽珠"，"999集团"的"车仆"等。这些产品由于价格便宜也占据了一定市场。但是，由于国内还没有相应的汽车美容用品生产技术，这些厂家基本上是与国外厂家合资生产，其生产技术基本上是国外淘汰十几年的技术，因而产品质量和性能还不尽人意。除存在上述含蜡产品的问题外，还表现在：光泽维持时间短、靓丽程度差等。

2. 我们的竞争优势

(1) 潮流性：绿色汽车增光护理剂是水性乳液产品，代表着汽车美容护理品发展潮流。
(2) 独有性：我们是国内唯一拥有无蜡性乳液汽车美容产品的厂家，并且在国际上也居于领先地位。
(3) 低价格：绿色汽车增光护理剂的生产流程简单，成本低，因此可相应降低市场价格。

（4）高质量：绿色汽车增光护理剂为化学惰性材料，黏附力强，耐老化和光照辐射，无"出汗"和"结晶粒"等不良现象，尤其是不粉化，从而减少了车体出现刻痕的机会。同时，它又为化学中性，不损伤车体。

（5）普适性：我们的产品对所有车漆均可使用，这就免除了因选择产品不当而导致车漆损坏的后顾之忧。同时，可适应较大的气候温差，能在中国南北两地一年四季使用。

（6）易操作：喷涂均可，操作省时，比现有打蜡工艺省时 1/2。

（7）无污染：我们的产品不但在生产过程中无"三废"产生，而且在使用过程中不会污染环境，更不会对人造成身心健康的毒害。

（8）多功能：我们的产品具有防雾和防火功能。只要往车窗上打上我们的产品，就不用担心车窗起雾。倘若一不小心有火星掉在车漆上，只要使用了我们的产品，也不用担心火星会损伤车漆。

5.3　我们的竞争策略

为了能够迅速有效地打开我们产品的市场，并获得长久的发展，我们将以公司的发展战略为核心，从产品形象、市场销售、生产与质量、技术发展四个方面系统规划品牌竞争策略。

1. 树立鲜明的品牌形象

鲜明的产品形象是创建成功品牌，打开市场的基础，为此，我们将努力做好以下三个方面的工作。

（1）简明、形象、实用的产品设计。

① 品名：我们初步决定将产品取名为"车丽宝"，英文 Celibo。

② 商标：我们正在着手设计一个新颖、独特的商标。

③ 价格：我们将采用低价位市场策略，并将产品分为精品型和普通型两种（450mL/瓶），其中精品型 98 元/瓶，普通型 48 元/瓶。批发价平均 18 元/瓶。

④ 包装：除了要外观精美、突出产品特点外，我们还将配套功能齐全的美容工具。

（2）有针对性的广告宣传。

① 针对各大城市报纸阅读率排在第一位的都是地方报的特点，并结合我们将各大城市作为目标市场的战略，通过地方性报纸的宣传将是我们的广告宣传的重点之一。

② 通过汽车类报纸、杂志、画报和广播中交通台节目的广告宣传是我们广告工作的重点之二。

③ 针对电视广告效果最佳的特点，我们也将根据时机和资金运作情况，有针对性地选择电视媒体进行广告宣传。

④ 根据不同情况考虑制作一些因特网广告和 POP 广告。

（3）积极的公共关系活动。

① 定期举办以"营养护理"为核心的免费汽车美容知识讲座。

② 定期举办以宣传我们产品优良性能为核心的汽车美容咨询、培训和有奖促销活动。

③ 积极参加相关的行业博览会，增强我们产品的市场影响力。

2. 建立广泛的市场营销网络

归根结底，只有实现一定数量的销售才能是一个成功的商业计划，因此，建立广泛的市场营销网络是我们绿色汽车增光护理剂市场发展计划最最核心的内容。我们初步计划这一网络由以下两部分组成。

(1) 与汽车生产企业建立伙伴关系。

值得思考的一点启示：发达国家虽早有完整的汽车美容概念，却并没有在其国内作为一种行业发展起来，也没有兴起这方面的热潮，这是因为，在发达国家购车时一次性到位的，并延伸到汽车售后服务中。

据我们掌握的资料：我国当前轿车市场上只有一汽轿车集团在售车时配备了部分有关汽车养护用品，包括部分汽车美容用品。因此，我们认为，这是一个与其他汽车生产厂家建立合作关系，共同经营汽车美容护理用品的良好时机。

我们将选择上面的一家或多家生产企业建立合作关系。其核心内容是与厂家建立以汽车美容用品为核心的汽车配套护理用品的供应关系，在促销厂家汽车销售的同时打开我们的产品市场。我们以批发价格或其他商定的价格将我们的产品销售给汽车生产企业，作为其汽车销售时的配备用品之一。这一点每年只增加厂家500万元左右的成本，可行性很大。

如果能成功地建立这种伙伴关系，将使双方受益。

① 我方可以迅速使产品打入市场并提高市场占有率；确保了产品的销售，这一部分销售量可占总销售额的25%，甚至更高；同时大大降低了销售成本。

② 厂方可以建立完善了自身的售后服务体系；树立了崭新的企业形象；促进了汽车销售。

(2) 建立全面有效的公司—客户、公司—代理商—客户的销售体系。

来自我们产品主要客户（汽车美容店和汽车护理用品销售店）的需求将占我们产品销售总量的75%左右。为了更加有效地了解他们的需求，对市场变化做出及时的响应，我们将建立两套体系来实施我们的产品销售。

我们将根据市场需求的大小和地理位置的划分选出3~5个大城市，在当地建立我们自己的销售网点，负责开发当地和周围邻近地区的市场。销售网点的主要工作包括：广告及各种促销活动、对汽车美容店和汽车护理用品销售店的产品批发业务、零售业务等。

对于我们自己的销售网点负责区域之外的城市和地区，我们将征聘部分代理商，通过他们把我们的产品送到客户的手中。如果合作愉快顺利，我们也可与之开展进一步的合作，如广告代理等。

3. 严格控制生产成本和产品质量

低成本、高质量是我们公司的整体战略之一，同时也将是我们获得竞争优势、赢得市场的重要保障。

(1) 严格控制生产成本。绿色汽车增光护理剂的生产采用的是特殊乳化技术，生产工艺流程简单，生产设备少，生产人员要求也少，因而大大减低了生产成本。我们每吨产品各类成本总和（含现在预期的经营成本）还不足4万元，大大低于同行业的平均约6万元/吨的生产成本。因此，严格控制生产成本必将带给我们巨大的收益。

(2) 严格控制产品质量。"质量是产品的生命"，我们将实行全面质量管理，建立并完善相应的质量保证体系，主要包括：

① 建立明确的质量计划和质量目标；

② 建立一个综合的质量管理机构，并将产品质量落实到个人；

③ 建立一套灵敏的质量检验和反馈体系，严格质量控制；

④ 建立质量管理工作的标准化程序；

⑤ 同时，我们计划在 4~5 年内通过 ISO 9000 国际质量认证。这将有利于我们最终市场目标的实现。此外，我们还将在以下三方面收益：

  a. 提高产品质量；

  b. 提高企业的知名度；

  c. 增强企业的竞争力。

4. 持续的技术发展

没有创新的企业是难以保持长期的发展的。在我们的发展过程中，我们将积极开发新产品，发展多种服务。事实上，在我们选择以汽车增光护理剂为核心的发展道路时，我们已经对企业的长期发展在技术方面做了充分的考虑。

（1）我们将在国内为绿色汽车增光护理剂的生产技术申请专利，考虑到将来的发展，专利的期限定在 5~8 年，以确保在这一期间我们对国内其他同行企业的技术优势。

（2）我们在以下 5 项技术方面已经取得了令人满意的结果，即防雾剂、防冻液、储热材料、去污膜、空气清新剂。这些都较现在的生产技术有所突破，经过进一步开发都将成为极具市场潜力的产品，配合增光剂产品的生产和销售，取得企业的持久发展。

我们重点从生产技术和生产工艺两方面不断进行技术创新，在降低生产成本、提高产品质量和性能的同时，提升产品的品牌形象，从而创造产品的高附加值，使产品更具有竞争优势。

我们已积累了大量的科研资料和科研经验，并将以清华大学的人力资源和科研条件做后盾，建立自己的科研队伍和研究体系，为进一步的市场开发奠定坚实的基础。

第六部分　公司组织与人力资源管理

6.1　组织结构

考虑到初期公司的规模较小，我们将采用职能式的组织结构，主要包括以下部门。

（1）办公室：协助公司总经理和副总经理的各项工作。

（2）行政部：负责公司的行政、人事和后勤工作。

（3）生产部：负责与公司产品生产有关的各项工作，如原料采购、质量管理、新产品开发等。

（4）销售部：负责公司的各项营销工作，包括广告业务和外地销售中心的管理。

（5）财务部：负责公司的财务管理。

6.2　人力资源配置

1. 主要管理人员构成及其职能

公司的高层管理决策机构初步由公司的三位创始人担任，如果有投资者愿意为我们的计划投资，那么，我们将根据他的投资数额来构成新的高层管理决策机构。这一机构现在由公司总经理和两名副总经理组成。他们的背景和职能安排如下：

公司总经理——清华大学研究生，学习成绩优秀，热衷于科学技术的生产应用开发，在学习期间多次参加了有关的社会实践活动，并参与了多家公司的市场调研与分析活动，对我国科技市场的发展有深入的了解。他将全面负责公司发展战略的实施、统筹各项管理工作。

生产副总经理——清华大学研究生，学习成绩优秀，具有极其优秀的科研开发能力。在学习期间曾三次荣获清华大学学生"挑战杯"科技一等奖，一次全国三等奖，并发表了三篇专业学术论文。绿色汽车增光护理剂就是他独立开发的。他将全面负责生产、技术开发以及生产人员的培训工作。

销售副总经理——清华大学研究生，学习成绩优秀，项目管理专业的高才生，曾在山西引黄供水工程中做过用水需求等工作，有大量的实际工作经验；此外，还对市场开发有深入的研究，具有良好的市场营销和公共关系意识。他将全面负责公司的市场营销和财务管理工作。

2. 其他人员配置

公司运作还需要一批中层管理人员负责生产、财务、销售等工作。因此，我们将面向社会招聘一批有相关经验和专业知识并有志合作的中青年人员来加强和充实公司的管理队伍。我们计划招聘以下主要部门负责人：

一名企业会计师，一名办公室主管，两名生产技术工程师，三至五名外地营销主管，一名广告主管等人员。

我们还将根据公司的发展，逐步招收18～20名生产人员，15～18名管理工作人员。这批人员除了要严格选拔外，还要进行严格正规的业务培训，做到科学培养、合理使用。我们还将通过弘扬企业文化增强公司员工职业素质和凝聚力。

第七部分 风险及对策

7.1 风险

1. 行业风险

（1）汽车美容服务业的自身发展的局限。尽管汽车美容服务业近两三年来在中国有很大的发展，但由于在国内刚刚起步，各种设备和技术手段还未完全专业化，加上汽车美容价格偏高，人们的消费观念还未完全跟上，从而影响了汽车美容服务业的发展，进而影响了对汽车美容护理品的需求。

（2）行业内部竞争。中国是未来汽车消费大国，因而也是汽车美容护理用品的消费大国，国外产品已先打入国内市场，形成众多产品分割市场的激烈竞争局面，国内一些相关厂家也纷纷加入竞争行列。

2. 经营风险

（1）对主要客户的依赖。目前，我们公司的主要客户是汽车美容店，因而，汽车美容店对产品的选择使用将直接影响我们公司产品的销售。

（2）人们消费观念的影响。目前，有相当一部分人有只认"外国牌"的心态，因此会优先选择国外产品。

（3）人力成本上升和高素质人才不足。公司为稳定科技人员和吸引外部人才，必将采取一些必要的奖励措施,因此人力成本的投入必然会增加。同时,由于公司属新成立的公司,工作环境、福利待遇在开始会存在一定差距,从而增加了引进高素质人才的难度。

(4) 重要原材料供应风险。若原材料市场出现供不应求,或者原材料价格涨幅过高、过快,而产品价格又不能相应调整时,将影响公司利益。

3. 市场风险

(1) 市场价格波动。由于市场竞争激烈,各厂家会采取打"价格战"的策略来打击竞争对手。因而会引起本公司产品价格的波动,进而影响公司利益。

(2) 产品销售不足。新产品和新品牌往往在初期不被市场认同。

7.2 对策

1. 行业风险对策

(1) 充分发挥本公司在生产技术、产品质量、管理水平、科研水平方面的优势,加快新产品的研制、开发和生产,扩大生产规模。

(2) 坚持质优价廉和优质服务方针。

(3) 发挥系列产品的集约优势,增加产品的竞争力,提高产品市场占有率。

2. 经营风险对策

(1) 充分利用各广告媒体,加强公司和产品宣传。

(2) 强化销售队伍和售后服务,保持与汽车美容店的良好合作关系。

(3) 快速推进其他汽车系列用品的开发,从而相对减少对汽车美容店的依赖。

(4) 利用一切优势使用本产品成为国内知名品牌,力争将产品推向国际市场。

(5) 积极营造良好的工作环境和科技环境,改善福利待遇,吸引更多科技人员和高素质人才来公司工作。

3. 市场风险对策

(1) 在加强产品销售的同时,建立一套完善的市场信息反馈体系,制定合理的产品销售价格,增加公司的盈利能力。加快新产品的开发速度,增加市场应变能力,适时调整产品结构,增加适销对路产品的产量。

(2) 实行创名牌战略,以优质的产品稳定客户,稳定价格,以消除市场波动对本公司产品价格的影响。进一步提高产品质量,降低产品成本,提高产品的综合竞争能力,增强产品适应市场变化的能力。进一步转变观念,拓宽思路,紧跟市场发展方向。

第八部分 财务评估

8.1 现金流量的估算与经济效果评估

1. 资金需求

初步估算我们的产品开发第 1 年需要固定资产投资 1 000 万元,主要用于公司成立、建立生产基地、初步建立销售网络等,详见附表 8-1 固定资产投资估算表。第 2 年需流动资金贷款 400 万元,作为公司生产和销售工作的启动资金。初步计划在 5 年内还清贷款。

附表 8-1 固定资产投资及试生产费用估算表

投资项目	金额（万元）
公司成立	80
建立外地销售网	120
生产及辅助设备费	80
安装施工费	40
厂房、仓库及办公地点	200
水电等基础设备	60
车辆	60
办公设备	40
试生产费用	100
其他	220
总计	1 000

2. 财务设计简述

根据我们的发展计划（请参见第二部分），我们计划在财务方面实现以下目标，见附表8-2。财务计划的计算是以产品平均批发价格 5.94 万元/吨为基础的。

附表 8-2 财务计划目标

年份	目标产量（吨）	销售收入（万元）	税后利润（万元）
第 1 年	公司成立		
第 2 年	400	2 376	316
第 3 年	500	2 970	660
第 4 年	600	3 564	1 191
第 5 年	600	3 564	1 191
第 6~10 年	800	4 752	1 560

3. 主要财务报表

附表 8-3~附表 8-8 列出了主要财务报表及主要财务项目。

附表 8-3 第 1 年建设期资金使用计划表

万元

资金项目 \ 月份	1	2	3	4	5	6	7	8	9	10	11	12
1. 特殊项目												
公司成立与注册	29	60										
购置与租赁厂房			50	100	50							

续表

资金＼月份 项目	1	2	3	4	5	6	7	8	9	10	11	12
供电、供水等						60						
购置生产设备							80					
生产设备安装								40				
购置机动车辆		30					30					
购置办公设备	10							15				15
建立外地销售网									30	30	30	30
试生产准备									10	20	35	35
人员招聘			3				5					
2. 一般项目												
工资及福利	2	2	4	4	4	5	6	6	6	6	7	7
管理费用	5	5	5	7	7	7	7	10	10	10	10	10
不可预见费	5	5	5	5	5	5	5	5	5	5	5	5
总计	42	102	67	116	66	107	118	61	61	71	87	102

附表8-4　投产期（第2~3年）资金投入

万元

资金＼季度 项目	1	2	3	4	5	6	7	8
1. 生产材料费	87.5	87.5	87.5	87.5	112.5	112.5	112.5	112.5
2. 工资及福利	30	30	30	30	35	35	35	35
3. 生产制造费	35	35	35	35	42.5	42.5	42.5	42.5
4. 管理费	10	10	10	10	10	10	12.5	12.5
5. 销售及广告	350	200	150	150	350	150	150	150
6. 其他	12.5	12.5	12.5	12.5	15	15	15	15
7. 总计	525	375	325	325	565	365	367.5	367.5

附表 8-5 借款还本付息表

万元

项目	阶段 类别 年份	建设期 1	投产期 2	投产期 3	达到设计生产能力期 4	达到设计生产能力期 5	达到设计生产能力期 6
1 借款及还本付息							
1.1 年初借款累计	长期借款	1 000	1 000	600			
	流动资金		400	400	400		
1.2 本年借款	长期借款	1 000					
	流动资金		400				
1.3 本年付息	长期借款		100	60			
	流动资金		32	32	32		
1.4 本年还本	长期借款		400	600			
	流动资金				400		
2 还款来源							
2.1 利润			250	500	400		
2.2 折旧			150	100			

注：长期借款年利率10%，流动资金借款年利率8%。

附表 8-6 成本费用表

万元

资金 年份 项目	投产期 2	投产期 3	达到设计能力生成期 4	达到设计能力生成期 5	达到设计能力生成期 6	达到设计能力生成期 7	达到设计能力生成期 8	达到设计能力生成期 9	达到设计能力生成期 10
1. 材料费	350	450	550	550	750	750	750	750	750
2. 工资及福利费	120	140	200	200	300	300	300	300	300
3. 生产制造费	140	170	220	200	270	270	270	270	270
4. 管理费	40	45	50	50	60	60	60	60	60
5. 营销及广告费	850	800	500	500	800	800	400	400	400
6. 其他费用	50	60	70	70	100	100	100	100	100
7. 折旧	200	200	150	150	100	100	50	50	
8. 利息支出	132	92	32						
9. 总成本	1 882	1 957	1 752	1 720	2 380	2 380	1 930	1 930	1 930
10. 经营成本	1 550	1 665	1 570	1 570	2 280	2 280	1 880	1 880	1 930

附表 8-7 损益表

万元

资金项目 \ 年份	投产期		达到设计能力生产期						
	2	3	4	5	6	7	8	9	10
1. 销售收入	2 376	2 970	3 564	3 564	4 752	4 752	4 752	4 752	4 752
2. 销售税金及附加费	22	27	33	33	43	43	43	43	43
3. 总成本	1 882	1 957	1 752	1 720	2 380	2 380	1 930	1 930	1 930
4. 利润总额（1-2-3）	472	986	1 779	1 779	2 329	2 329	2 779	2 779	2 779
5. 所得税（4×33%）	156	326	588	588	769	769	918	918	918
6. 税后利润（4-5）	316	660	1 191	1 191	1 560	1 560	1 861	1 861	1 861

注：销售收入按产品平均批发价 5.94 万元/吨计算。

附表 8-8 全部投资现金流量表

万元

资金项目 \ 阶段年份	建设期	投产期		达到设计能力生产期						
	1	2	3	4	5	6	7	8	9	10
1. 现金流入										
1.1 产品销售		2 376	2 970	3 564	3 564	4 752	4 752	4 752	4 752	4 752
2. 现金流出										
2.1 固定资产投资	1 000									
2.2 流动资金投资		400								
2.3 经营成本		1 550	1 665	1 570	1 570	2 280	2 280	1 880	1 880	1 930
2.4 销售税金及附加		22	27	33	33	43	43	43	43	43
2.5 所得税		156	326	588	588	769	769	918	918	918
3 净现金流（所得税前）	-1 000	404	1 278	1 961	1 961	2 429	2 429	2 829	2 829	2 829
4. 累计现金流（税前）	-1 000	-596	682	2 643	4 604	7 033	9 462	12 291	15 120	17 949

续表

阶段	建设期	投产期		达到设计能力生产期						
资金项目 年份	1	2	3	4	5	6	7	8	9	10
5. 净现金流（所得税后）	-100	249	952	1 373	1 660	1 660	1 991	1 911	1 911	1 911
6. 累计现金流（税后）	-1 000	-752	200	1 573	2 946	4 606	6 266	8 177	10 088	11 999
7 P/F, 0.12, t	0.892 9	0.797 2	0.711 8	0.635 5	0.567 4	0.506 6	0.452 3	0.403 9	0.360 6	0.322 0
8. 净现金流现值（税后）	-829.9	197.7	677.6	872.5	779.0	841.0	750.8	771.9	689.1	615.3
累计净现金流值	-829.3	-695.2	-17.6	854.9	1 633.9	2 474.9	3 225.7	3 997.6	4 686.7	5 302.0

注：基准折现率 $I=12\%$。

4. 经济效果分析

$NPV=5\ 302.0$ 万元，远远大于 0，经济效果良好；

产品投资回收短期，3 年内即可收回全部投资；

银行贷款可在 4 年内全部还清；

该产品是一个投资少、利润高的产品。

8.2 不确定性分析

将产品销售和经营成本按 10 年平均值计分别为：产品销售 $B=4\ 036$ 万元/年、经营成本 $C=1\ 845$ 万元/年、投资 $K=1\ 400$ 万元。分别考虑投资额。经营成本和产品销售 3 种因素的变动对 NPV 的影响。

1. 投资额变动的影响

$NPV=-K(1+x)+(B-C)\times(P/A, 12\%, 10)\times(P/F, 12\%, 1)$

$0=-1\ 400(1+x)+(4\ 026-1\ 845)\times5.328\times0.892\ 9$

$x=0.87$

计算表明当投资增加 87% 以上时计划变得不可行。

2. 经营成本变动的影响

$NPV=-K+[B-C(1+y)]\times(P/A, 12\%, 10)\times(P/F, 12\%, 1)$

$0=-1\ 400+[4\ 026-1\ 845(1+y)]\times5.328\times0.892\ 9$

$y=1.02$

计算表明当经营成本增加 102% 以上时该计划变得不可行。

3. 销售收入变动的影响

$NPV=-K[B-C(1+y)]\times(P/A, 12\%, 10)\times(P/F, 12\%, 1)$

$0=-1\ 400+[4\ 026(1+z)-1\ 845]\times5.328\times0.892\ 9$

$z=-0.47$

计算表明当销售收入降低47%以上时计划变得不可行。

4. 结论

通过上面的计算可以看出，该计划具有很高的抗风险能力。

总之，我们的市场分析表明。我们的新科技产品——绿色汽车增光护理剂在大城市里有很大的市场，我们与汽车美容店的经营者们的会谈和初步的市场调查已证明了这一预测。我们已经与他们建立了良好的合作关系。我们已小规模生产出该产品，并做了前期试用，得到了一致好评。我们计划一期投资1 000万元，力争在5年内将我们的公司发展为国内最大的汽车美容用品生产企业，达到20%的国内市场占有率。

我们相信，在我们的努力下，我们的公司、我们的产品将拥有一个光明美好的前景。

创业相关实用网站

创业教学网站
中国 KAB 创业教育网　http：// www. kab. org. cn
中国青年创业网　http：// www. chinajc. com
中国青年创业国际计划　http：// www. ybc. org. cn
中青在线创业频道　http：// chuangye. cyol. com
联合国青年就业网络　http：// www. ilo. org/yen

创业实践网站
中国创业投资网　http：//www. wineast. com/
世界创业实验室　http：//elab. icxo. com/
创业家园　http：//www. stucy. com/
中国创业网　http：//www. buildingchina. com/
中国创业招商网　http：//www. 89189. com/
新浪创业网　http：//chanye. finance. sina. com. cn/focus/chuangye/
中小企业创业网　http：//www. woboss. com/

创业 SOHO 一族
阿里巴巴 SOHO 商业情报　http：//www. woboss. com/
百度 SOHO 吧　http：//tieba. baidu. com/f？kw＝soho
SOHO 中国　http：//www. sohochina. com/index. asp
中国 SOHO 网　http：//www. cnsohow. com/
SOHO 世界同盟　http：//elab. icxo. com/soho. html
网易女性 SOHO 区　http：//elab. icxo. com/tools. htm
123 创业 SOHO 一族　http：//www. 123cy. com/Html/sohu/
SOHO 族　http：//www. soho5. com/

创业特许经营
中国特许经营网　http：//www. franchise. com. cn/
HC360 特许经营　http：//info. biz. hc360. com/zt/ztswbz_texujingying/index. shtml

世界经理人特许经营　http：//elab.icxo.com/tools.htm
中国特许经营法律网　http：//www.franchise-cl.com/
特许经营律师网　http：//www.fclaw.com.cn/
联盟特许经营　http：//www.fclaw.com.cn/
特许经营第一网　http：//www.texu1.com/

附录3

浙江工商职业技术学院创业学子风采

张源，2016年毕业于浙江工商职业技术学院市场营销1325班，先后创办了宁波市镇海源创意广告策划有限公司和宁波俩专文化传媒有限公司，任董事长、总经理。其中于2015年5月26日创立的宁波市镇海源创意广告策划有限公司属于在校大学生的创新创业项目，公司主要承接各类广告设计制作、项目推广、宣传活动外包等业务，与中国移动海曙分公司、饿了么外卖、美团外卖、分期乐等企业都建立了良好的合作关系。

在校期间，张源便展现了其八面玲珑的个人才能，荣誉奖项众多，是浙江省"美德学子"和浙江省优秀毕业生。另外最值得一提的是2013年10月，由他这位班长带领的营销1325班团队获得浙江省第四届"挑战杯"创新创业大赛一等奖，而这个团队就是源创意的雏形。其实，具有演讲、主持和辩论等多项个人才能的张源从高中便开始倒腾各类创业想法。大学入校后，先后担任浙江工商职业技术学院学生会主席、宁波市学生联合会轮值主席等职务也为其构建了更加庞大的人际关系网络。张源的开拓精神、创新意识以及主动热情的性格，为其整合各类创业资源创造了良好的条件，从学校到相熟的众多教师都为其创业提供了巨大的支持。

"云整合"。个人才能卓著的创业者也重视团队建设，并善于整合各类网络资源为其所用。

周琪，2017年毕业于浙江工商职业技术学院市场营销1424班。2016年9月，尚未毕业的她，在创业导师赵毅的鼓励下与几个有共同创业理想的毕业学长成立了余姚匠人食品有限公司。该公司先后创立"十二食""寻味匠人""环球捕手"等快速消费品销售品牌。该公司是集江浙沪美食代购，全球休闲零食、水果生鲜、茶饮酒水、母婴药妆等网红产品销售于一体的新零售O2O平台，通过微信、微博、淘宝、支付宝等多种社交平台将拥有高品质生活需求的消费者通过现代通讯工具聚集在一起，消费者在线上产生购买需求和商家在线下实体店支持销售与服务，让消费者拥有最佳的购物体验。2016年年底，公司已在余姚、柯桥、义乌开启3家直营店，2017年上半年在绍兴、慈溪、永康还有3家加盟店要陆续开业。周琪同学作为联合创业人每天的工作状态都是忙忙忙。

天道酬勤，初创企业的创业者除了偶尔来张美美的自拍外，其余时间都在忙忙忙中。

叶梦莹，2017年毕业于浙江工商职业技术学院市场营销1424班。2015年大二在校期间，她在宁波市鄞州区先后创办了 LOHO 公寓和别墅轰趴馆（Home Party）。轰趴馆涵盖家庭影院、KTV、私人烹饪、Xbox、健身设施、网吧、户外烧烤等各类娱乐项目，为学生和白领提供休闲、娱乐的聚会场所。其中公寓初步投资 5 万和别墅 15 万均在一年内回本并实现盈利。叶梦莹的轰趴馆在短时间内实现盈利除了外部市场机会之外，还因为其独特的营销推广策略。除了其它常见营销推广手段外，作为 90 后美女的叶梦莹尤其善于运用"自媒体"进行网络宣传。从微信、微博到小咖秀等社交和直播软件，都有其为轰趴馆呐喊的美丽身影。2016 年是中国网络直播元年，诞生了无数网红，网红营销成为一种新型营销模式。而叶梦莹也靠着自己的人气和粉丝力量，很好的运用自媒体及网红效应，极大得拓展了轰趴馆的知名度和美誉度。2016 年在唐跃英老师的指导下，叶梦莹更将创业经历结合学业发展，在校级创业大赛中获得一等奖。她懂得利用赞助学校十佳歌手活动来进行宣传，同时也回馈学校。

自媒体营销，年轻的创业者巧用自媒体平台，利用网红效应，促进企业推广

参 考 文 献

［1］国际劳工组织北京局. 创办你的企业［M］. 北京：中国劳动社会保障出版社，2003.

［2］共青团中央，中华全国青年联合会，国际劳工组织. 大学 KAB 创业基础（试用本）［M］. 北京：高等教育出版社，2007.

［3］国家科技风险开发事业中心，长春市科技局. 商业计划书编写指南［M］. 北京：电子工业出版社，2008.

特　别　感　谢

本教材编写过程中得到了慈溪市易佳毛绒厂创始人陆佳一先生和宁波市鄞州招财猪商贸有限公司创始人郭平先生两位企业一线专家的大力支持，在此深表谢意！

陆佳一，2009 年大学毕业，在其母亲帮助下开始了创业实践活动。大学期间曾获得浙江省挑战杯创业计划大赛一等奖项目"USB 暖手鼠标垫"的创业实践活动，到 2011 年累计销售额已经突破 500 万元大关，累计销售 USB 暖手鼠标垫 50 多万件，雇工 20 多名。教材中的创业系列案例"赵晨和顾宇的创业故事"全都来自陆佳一的亲身创业经历，陆佳一的创业实践属于典型的大学生创业，相信他成功的经验能对同学们的创业之路起到很好的启迪作用。

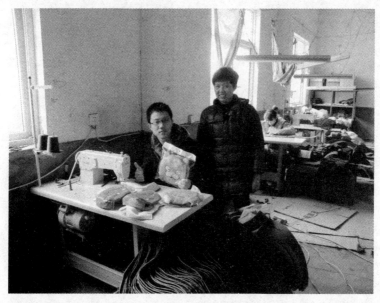

陆佳一和母亲在车间一线，大学生创业能得到家庭支持是其成功的重要保障

郭平，2003 年毕业于浙江工商职业技术学院外贸 99101 班，毕业后一直从事外贸相关工作，做过单证、QC、跟单和采购等工作。2005 年开始摸索接触电子商务行业，到 2007 年年底正式转行电子商务。2008 年年初成立第一家商贸公司"宁波市鄞州招财猪商贸有限公司"，旗下经营"七匹狼""VAXUN""洛兹法雷德""保罗哈博"等诸多品牌，拥有淘宝商城、QQ 商城、QQ 官字店等多家网店。2010 年在电子商务行业团购热潮的推动下，组建新公司"宁波市鄞州凡逊电子商务有限公司"。2010 年两家电子商务公司累计销售流水 300 多万元，提供 15 个大学生就业岗位和 5 个大学生顶岗实习岗位。教材中的网络创业内容都根据郭平两家公司实际运作情况改编，符合目前中国大学生网络创业的现状，对大学生创业方向选择有十分显著的指引作用。

大学生创业充满激情，除了办公室凌乱他们还喜欢用可乐来提神